CYNTHIA BARCOMI'S

BACKBUCH

mosaik

Verlagsgruppe Random House FSC-DEU-0100
Das für dieses Buch verwendete FSC®-zertifizierte Papier *Profibulk* von Sappi liefert 2H-Papier.

Umwelthinweis:
Dieses Buch wurde auf chlorfrei gebleichtem Papier gedruckt. Die Einschrumpffolie – zum Schutz vor Verschmutzung – ist aus umweltverträglichem und recyclingfähigem PE-Material.

IMPRESSUM

5. Auflage

Konzeption: Cynthia Barcomi und Ulf Meyer zu Küingdorf
Das Manuskript für diese Originalausgabe wurde von Lisa Shoemaker aus dem Amerikanischen übersetzt.
Art Direction, Umschlaggestaltung und Layout: Anja Laukemper (Björn Schmidt)
Umschlagfoto und alle Fotos von Cynthia Barcomi: Paul Schirnhofer
Foodfotos: Maja Smend (VS Verwilghen Spaeth Management für Photographen)
Foodstyling: Christiane Wenzel, Christoph Hoefs
Styling und Requisiten: Maria Grossmann
Druck und Bindung: Mohn Media GmbH, Gütersloh

Printed in Germany
ISBN 978-3-442-39118-9

www.mosaik-verlag.de

CYNTHIA BARCOMI'S
BACKBUCH

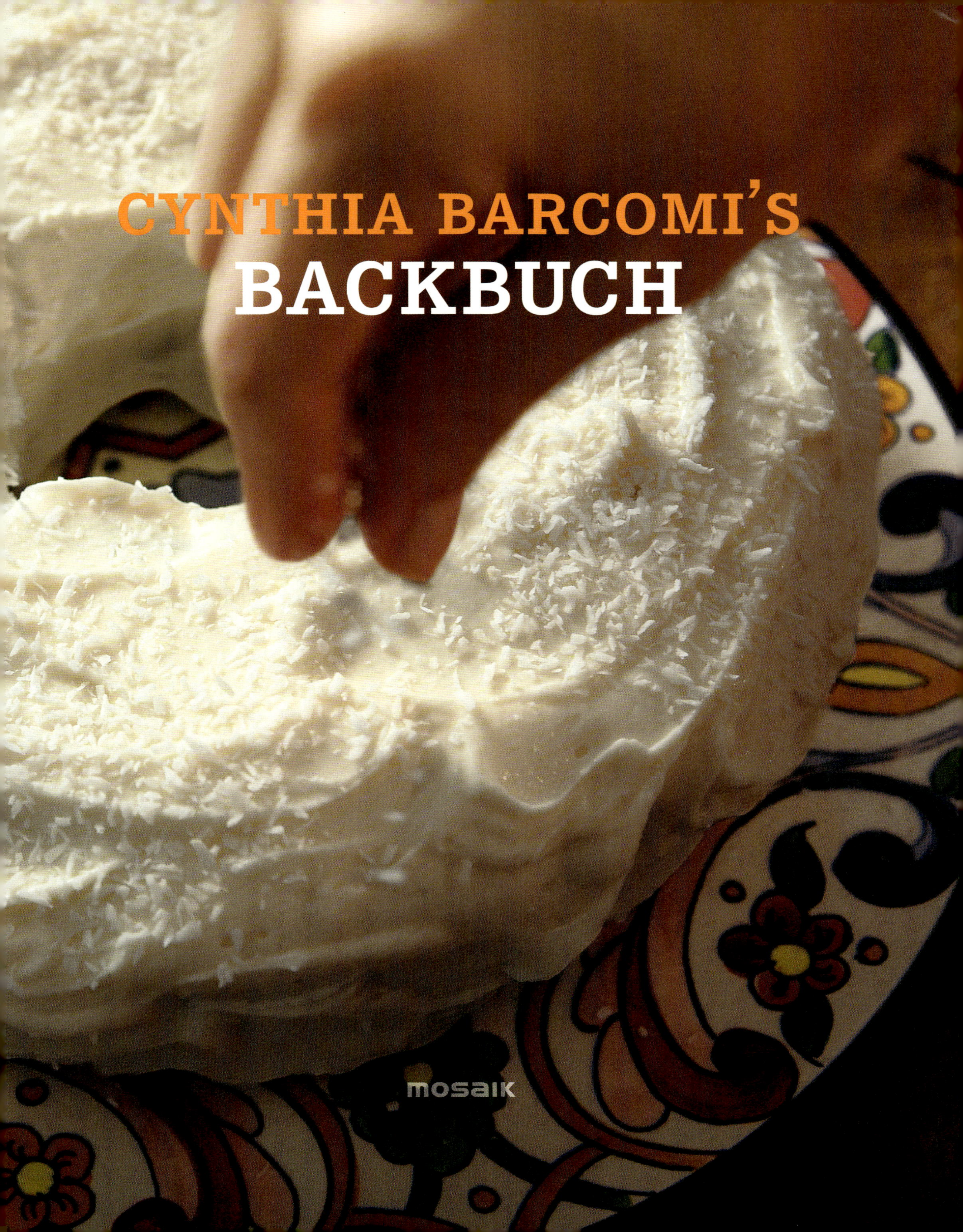

mosaik

1986

For Cynthia ~

Because of
what you've shared
with me, this is for you....
for your thoughts, your memories,
your dreams!

Much love always
Shoshana

~

1 T. butter = 1/2 oz. = 14 gr.
2 T. butter = 1 oz. = 28 gr.
2/3 oz. = 20 gr.
40 gr. = 1 1/3 oz.

INHALT

SO MACHT BACKEN SPASS!

Baking is fun!

In meinem ersten Backbuch geht es nicht nur ums Backen, sondern um etwas, das uns alle glücklich machen kann: nämlich dieser besondere Moment, wenn Freunde und Familie um den Tisch sitzen und erwartungsvoll auf die heißen Backbleche schauen und ihre Nasen diesen verführerischen Duft einatmen, den wir nur von frischgebackenem Kuchen kennen und der uns seit Kindheitstagen so vertraut ist.

American Baking, das ist Backen für jeden Tag: Muffins oder Bagels fürs Frühstück, ein Sandwich zum Lunch, Cookies für die Kinder nach der Schule und Pizza zum Abendbrot. American Baking ist Schenken: ein Poundcake für die neuen Nachbarn, ein besonderer Geburtstagskuchen für einen Freund oder meine unglaublich beliebten »Tut mir so leid«-Chocolate-Chip-Cookies.

Lassen Sie sich also überraschen, wie lecker wir in Amerika backen.

Enjoy!

Cynthia Barcomi

ICH HAB'S GESCHAFFT!

I made it!

»I made it«, sagte ich der Lehrerin im Kindergarten, »all by myself!« und legte mein wertvolles Kunstwerk in ihre Hand. Zugegeben, meine Mutter hatte etwas nachgeholfen, aber wirklich: Dieses Chocolate Chip Cookie, das ich meiner Lehrerin gerade übergeben hatte, war das stolze Ergebnis meiner jüngsten Manie: das Backen.

Ich war gerade mal drei Jahre alt und konnte das Cookie-Rezept auswendig aufsagen. Zwei Jahrzehnte und eine Überquerung des Atlantiks später spricht dieses Mädchen aus Seattle die gleichen Worte auf Deutsch aus: »Ich hab's selbst gemacht. Schmeckt es Ihnen?« Ich bin zur Köchin geboren.

Wenn ich einen Kuchen aus dem Ofen hole, erwachen meine schönsten Kindheitserinnerungen.

Dieses Gefühl hat immer wieder mein Leben bestimmt: genau das herstellen zu können, was ich essen wollte, und es zu wiederholen. Es ging mir in meiner Arbeit nicht um Ideen oder Abstraktionen. Es ging um das Greifbare, das Sinnliche, das Sensationelle – der Duft, der Geschmack, das Erlebnis beim Essen.

Wenn ich einen Kuchen aus dem Ofen hole, erwachen meine schönsten Kindheitserinnerungen, und der Duft eines Gerichts hatte die Macht, mich zurückzuversetzen zu einem bestimmten Zeitpunkt in der Vergangenheit. Ich nenne diese Rezepte meine »Sense-Memory«-Rezepte, weil sie mich an die Sense-Memory-Übungen von Stanislawski erinnern, die später durch das Actor's Studio in New York berühmt wurden.

Dann gibt es meine »Visions«-Rezepte. Diese Gerichte haben ihren Ursprung in klassischen Rezepten oder basieren auf einer Idee, die ich noch nicht ausprobiert habe. Ich vertiefe mich darin, die Essenz eines bestimmten Gerichts herauszufinden, seinen Höhepunkt herauszuarbeiten. Es können drei oder zwan-

zig Versuche nötig sein, bis ich zufrieden bin. In der Regel weiß ich, dass ich »angekommen« bin, wenn mein Mann mir plötzlich mit diesem typischen ernsten Gesichtsausdruck sagt: »Das darfst du nie wieder anders machen.«

»Wann schreibst du endlich dein Kochbuch?«

Seit Jahren höre ich immer die gleiche Frage, sei es in meinen Läden, bei Dinner-Partys, Eröffnungen oder Events: »Wann schreibst du endlich dein Kochbuch?«

Ich verrate auch einige meiner wertvollsten und innigsten Geheimnisse.

Ich habe eine Kaffeerösterei eröffnet, einen Delikatessenladen aufgebaut und bekomme gerade mein viertes Kind. Und nun schreibe ich ein Backbuch, inspirierend und unterhaltend, mit großartigen Fotos.

Wir unternehmen eine kulinarische Reise durch das Land der Frühstücksdauerbrenner, der Muffins und Scones, weiter geht's mit meinen berühmten Cookie-Rezepten bis hin zu den Brot- und Pizza-Klassikern und den allerbesten amerikanischen Kuchen. Ich verrate auch einige meiner wertvollsten und innigsten Geheimnisse. Ich lasse mich sogar verleiten, einige meiner Rezepte weiterzugeben, die meinen Läden in Berlin Kultstatus verliehen haben.

Genießen Sie das Buch, es ist mit Liebe geschrieben und fotografiert, und wenn dann die Seiten voller Cookie-Teig, geknickt und lose und alle Rezepte durchgetestet sind, dann werden auch Sie die amerikanische Backkunst unendlich lieben und sagen: »I made it!«

Goldsaft

ALLES ÜBER BACKEN, TEIG UND ZUTATEN All you need to know

DIE TROCKENEN, DIE FLÜSSIGEN ZUTATEN UND DIE BROCKEN, DIE »CHUNKS«. Ihnen wird sicherlich auffallen, dass in den meisten Rezepten die Zutaten in Gruppen aufgeführt sind: trockene Zutaten und flüssige Zutaten sowie der Rest, die Chunks (Brocken, also zum Beispiel Schokolade, Trockenfrüchte und Nüsse). Manchmal fügen Sie die trockenen Zutaten zu den flüssigen hinzu, manchmal auch umgekehrt. Die Chunks kommen immer am Ende. Wichtig ist, dass Sie Ihre Zutaten nach diesen Gruppierungen abmessen und auswiegen.

KNETEN muss man nur Hefeteig. Durch den Knetprozess wird der Teig glatt und geschmeidig. Sie brauchen die Elastizität des Teiges, damit sich das Gluten entfaltet und der Teig gut aufgeht. Anfangs kann der Teig ziemlich klebrig sein – keine Sorge, kneten Sie einfach weiter, indem Sie den Teig unter Ihrer Hand vorwärtsdrücken und dabei Ihr ganzes Gewicht darauflehnen. Drehen Sie den Teig, bestäuben Sie ihn mit etwas Mehl, und weiter geht's, bis er ganz weich und geschmeidig ist. Ich lasse immer erst meine Maschine kneten und mache dann mit den Händen weiter. Ich spüre dann den Teig zwischen den Händen und weiß, wann er »gut« ist. Ein tolles Gefühl!

SCHLAGEN. Wenn Sie Eiweiß schlagen, sollte es Zimmertemperatur haben. Schüssel und Schneebesen müssen fettfrei sein, und vergewissern Sie sich, dass das Eiweiß kein Eigelb enthält. Ich spüle meine Schüssel immer mit etwas Essig und Salz aus, das stabilisiert das Eiweiß. Beim Sahneschlagen gilt: damit die Sahne schön steif wird, sollte sie ganz kalt sein, Ihre Schüssel und der Schneebesen übrigens auch. Wenn Sie Sahne mit einem süßen Touch mögen, sieben Sie ein wenig Puderzucker hinein.

UNTERHEBEN. Das ist eine behutsame Methode, Zutaten zu vermischen. Normalerweise wird dabei eine leichtere Substanz (geschlagenes Eiweiß, Schlagsahne) unter eine schwerere Mischung, zum Beispiel einen Teig, »gehoben«. Nehmen Sie ein Drittel Ihrer leichteren Mischung und verrühren Sie sie gut in der schwereren, das lockert sie auf, dann heben Sie den Rest unter. Mit einem Gummispachtel – vorsichtig, Sie wollen nicht, dass dem Teig die Luft ausgeht – heben Sie den schwereren Teig über die leichtere Mischung, mit so wenig Bewegungen wie möglich. Lieber ein bisschen Eiweiß oder Mehl unvermischt lassen, als das Risiko einzugehen, zu viel zu mischen. Sonst ist das Ergebnis nämlich ein steinharter Kuchen. Deshalb: Benutzen Sie, wenn es im Rezept angegeben ist (zum Beispiel bei Muffins), wirklich niemals den Handmixer, um die trockenen Zutaten mit den flüssigen zu mischen!

GARPROBE. Der zweitschlimmste Fehler beim Backen ist »nicht durchgebacken«, der schlimmste »zu lange gebacken«. Bei Plätzchen sehen Sie an ihrer goldenen Farbe, dass sie fertig sind. Bei Kuchen und Muffins empfehle ich einen Zahnstocher oder einen Pikser aus Metall für die Garprobe. Dazu nehmen Sie Ihr Kunstwerk nach der angegebenen Backzeit aus dem Ofen und stechen mit dem Zahnstocher in den dicksten Teil. Ist der Zahnstocher beim Herausziehen sauber, ist der Kuchen gut. Wenn aber ein wenig Teig daran klebt, schieben Sie den Kuchen noch mal für ein paar Minuten zurück in den Ofen. Dann Garprobe wiederholen. Sie können Ihr Gebäck nicht nach einer Stunde noch einmal in den Ofen schieben und fertig backen, wenn Sie zu spät entdeckt haben, dass es innen noch nicht fertig ist. In den meisten Fällen aber wird das Backwerk, vorausgesetzt, Sie haben die richtige Ofentemperatur und die Backform in der richtigen Größe (sehr wichtig!) gewählt, wie erwartet fertig und gut sein.

WAS SIE IN DER KÜCHE BRAUCHEN All you need to have

SCHÜRZE. Ich glaube an Schürzen, weil ich es für normal halte, dass beim Backen und Kochen manchmal etwas danebengeht. Und Sie müssen sich nicht zurückhalten, bloß weil Sie Angst vor ein bisschen Mehl haben. Machen Sie sich die Finger schmutzig, probieren Sie die Teige, Frostings und Saucen. Nur so lernen Sie sie kennen. Und wenn Sie dabei ein bisschen »dreckig« werden – was soll's?

ZEITUHR. Eine Zeituhr ist eins der wichtigsten Dinge in meiner Küche. Digitale Uhren sind einfach die besten, sie sind präzise, zuverlässig und halten ewig.

WAAGE. Sie brauchen eine genaue Waage. Obwohl in den USA traditionell alles nach Volumen abgemessen wird, habe ich meine Rezepte den Gegebenheiten deutscher Küchen angepasst und eine Waage verwendet. Wegen ihrer Genauigkeit schätze ich die digitalen.

MESSBECHER. Am praktischsten ist ein Liter-Messbecher; nicht nur toll zum Abmessen, Sie können darin auch wunderbar Ihre (flüssigen) Zutaten mischen.

SCHNEEBESEN. Einen großen und einen kleinen. Ich arbeite am liebsten mit denen aus Edelstahl.

PINSEL. Um die Backformen einzupinseln. Wenn Sie keinen Pinsel haben, können Sie auch ein Stück Küchenkrepp mit weicher Butter benutzen.

SIEB. Ein feinmaschiges, um Klümpchen aus trockenen Zutaten (zum Beispiel Puderzucker oder Mehl) herauszusieben.

GUMMISPACHTEL & HOLZLÖFFEL. Um Zutaten zu mischen. Olivenholz ist ein wunderbares Material für diesen Zweck. LeCreuset und Rösle stellen sehr haltbare Gummispachtel her.

RÜHRSCHÜSSELN. In verschiedenen Größen. Am besten aus Edelstahl oder Porzellan. Plastik ist zwar okay, hat aber die Tendenz, porös zu werden, und nimmt Aromen an. LeCreuset und Rösle machen wiederum die besten Schüsseln, die auf dem Markt zu haben sind.

HANDMIXER ODER KITCHENAID. Wenn Sie keine KitchenAid haben, schaffen Sie sich einen guten elektrischen Handmixer an. Krups oder ähnliche Marken haben sehr gute Geräte, ich verwende einen digitalen Mixer von Russell Hobbs – gar nicht teuer und sehr leistungsstark. Wunderbar sowohl für Hefeteige als auch für Kuchen- und Pieteige.

BACKFORMEN, DIE SIE HABEN SOLLTEN. 1 oder 2 Muffinformen für 12 Muffins • 2 Springformen, ø 24 cm • 1 Springform, ø 26 cm mit Einsatz • 1 quadratische Form für Brownies, 23 cm x 23 cm • 1 rechteckige Form für Schnitten, 32 cm x 24 cm • 1 Auflauf-/Quiche-Form mit niedrigem Rand, 26 cm, aus Porzellan • 2 Kastenformen, 25 x 11 x 7,5 cm und 30 x 11 x 7,5 cm • Backbleche. Die Größen hängen von Ihrem Ofen ab. Ich bevorzuge einfache Aluminiumbackformen und bin keine Anhängerin von Backformen mit Antihaftschicht. Überhaupt nicht mag ich Formen mit einer schwarzen Schicht, die den Backprozess beschleunigen, Hände weg!

VIERKANTREIBE. Zum Reiben von Käse, fein und grob, sowie zum Abreiben von Zitrusschalen.

NUDELHOLZ. Zum Ausrollen von Teigen aller Art.

BROTMESSER. Wichtig, um Tortenböden quer durchzuschneiden, damit Sie die Kuchen mit Frostings-Schichten füllen können.

EDELSTAHLPALETTE. Unverzichtbar für das Auftragen von Frostings auf einen Kuchen.

GOOD MORNING

So fängt der Tag richtig an

Pancakes und Waffeln sind das ultimative Sonntagsfrühstück – entweder für die ganze Familie mit Ahornsirup und knusprigem Bacon (Frühstücksspeck) oder einfach nur zu zweit im Bett. Fruchtige Pancakes (mit Blaubeeren oder Erdbeersauce) schmecken am allerbesten mit Butter und Ahornsirup. Einfach göttlich!

CLASSIC PANCAKES (Griddlecakes/Flap Jacks)

Traditionelle amerikanische Pfannküchlein

Ca. 16 Pancakes, 4 Portionen

TROCKENE ZUTATEN
180 g Mehl, Type 405
2 TL Backpulver
30 g Zucker (2 EL)
1/2 TL Salz

FLÜSSIGE ZUTATEN
200 ml Milch
30 g zerlassene Butter
2 Eier

1 Trockene Zutaten vermischen, flüssige Zutaten mischen.

2 Die trockenen Zutaten zu den flüssigen hinzufügen. Vorsicht, nicht zu viel rühren, denn sonst werden die Pancakes steinhart. Ein paar Klümpchen Mehl haben noch niemandem geschadet. Mit etwas Zurückhaltung werden Ihre Pancakes wunderbar locker.

3 Die Pfanne über mittlerer Flamme leicht einbuttern. Ein paar Tröpfchen Wasser in die Pfanne spritzen – wenn's zischt, ist es so weit.

4 Etwa 2–4 Esslöffel Teig in die Pfanne geben, darauf achten, dass die Pancakes nicht zu dicht beieinanderliegen.

5 Warten, bis die Küchlein auf der Oberfläche zu blubbern anfangen, dann erst umdrehen. Auf gar keinen Fall ständig hin- und herdrehen, lieber einmal darunterlugen, wenn Sie sich nicht sicher sind, ob sie schon gewendet werden können. Ist auch die zweite Seite goldbraun, raus damit und ab in den Ofen zum Warmhalten, bis Sie genug Pancakes fürs Frühstück zusammen haben.

6 Warm mit Butter und warmem Ahornsirup servieren oder mit einer der leckeren Buttervarianten von Seite 20.

CYNTHIAS TIPP
Wenn Sie sie besonders *fluffy* (»fluffig«, also locker) mögen, trennen Sie die Eier und verrühren die Eigelbe mit der Milch. Schlagen Sie das Eiweiß steif und heben Sie es unter den Teig, nachdem Sie die festen mit den flüssigen Zutaten vermischt haben.

PANCAKE VARIATIONS

5 Variationen

1 MAISMEHL-PANCAKES
90 g feinen Polentagrieß und 90 g Mehl, Type 405, verwenden, dazu 200 ml Milch.

2 VOLLKORN-PANCAKES
90 g Vollkornmehl und 90 g Mehl, Type 405, nehmen.

3 BUTTERMILCH-PANCAKES
250 ml Buttermilch oder Joghurt statt der Milch verwenden. 60 g Haferflocken dazugeben. Die 2 TL Backpulver durch 1/2 TL Backpulver und 1/2 TL Natron ersetzen.

4 APFEL-PANCAKES
Einen geriebenen Apfel zu den flüssigen Zutaten geben und 1/2 TL Zimt zu den trockenen.

5 BLAUBEER-PANCAKES
200 g frische Blaubeeren zum Teig geben oder 150 g aufgetaute und abgetropfte Blaubeeren.

STRAWBERRY BUTTER & ORANGE BUTTER

Erdbeerbutter & Orangenbutter

STRAWBERRY BUTTER
125 g weiche Butter
90 ml Erdbeerkonfitüre
1/2 TL Zitronensaft

ORANGE BUTTER
125 g weiche Butter
90 ml Orangenmarmelade
abgeriebene Schale einer Bio-Orange

Die Zutaten cremig rühren, in Schälchen füllen, kühlen und servieren.

Köstlich auf Pancakes, Waffeln oder einfach nur auf Toast.

WAFFLES

Die amerikanischen Waffeln

Waffelteig sollte etwas dünnflüssiger sein als der für Pancakes. Wenn Sie wollen, füllen Sie ihn doch in einen Krug und gießen Sie ihn dann einfach ins Waffeleisen. Lieben Sie lockere Waffeln? Dann rühren Sie nicht zu viel. Und wenn Sie sie noch lockerer mögen, trennen Sie die Eier und schlagen Sie das Eiweiß steif. Das feste Eiweiß unter den Teig heben, nachdem Sie die übrigen flüssigen Zutaten mit den trockenen vermischt haben. Bevor Sie sich ans Backen machen, schauen Sie nach, ob das Waffeleisen auch wirklich richtig heiß ist. Die besten Waffeleisen sind natürlich die, die tiefe Einkerbungen auf der Waffel hinterlassen – da hat dann mehr Sirup Platz!

Ca. 8 Waffeln

TROCKENE ZUTATEN
280 g Mehl
1 EL Backpulver
15 g Zucker
1/2 TL Salz

FLÜSSIGE ZUTATEN
2 Eier, verschlagen
250 ml Milch
3 EL Pflanzenöl oder
45 g zerlassene Butter

1 Die trockenen mit den flüssigen Zutaten vermischen und warten, bis das Waffeleisen richtig heiß ist.

2 Heutzutage muss man Waffeleisen meist nicht mehr einfetten. Aber nicht vergessen: Waffeln immer so lange backen, bis das Eisen (also die Waffel) nicht mehr dampft! Halbgare Waffeln kleben am Eisen.

LIGHT AND FLUFFY WAFFLES Besonders lockere Waffeln

TROCKENE ZUTATEN 280 g Mehl • 3 TL Backpulver 45 g Zucker • 1/2 TL Salz **FLÜSSIGE ZUTATEN** 3 Eier, getrennt • 60 g Butter, zerlassen • 200 ml Milch

1 Eigelb mit Butter und Milch verschlagen, die trockenen Zutaten hinzufügen und rühren, bis sie gerade so vermischt sind.

2 Eiweiß steif schlagen.

3 1/3 der Eiweißmasse unter den Teig heben und (hier mal ausnahmsweise) gut mischen, das bereitet den Teig auf das restliche Eiweiß vor.

4 Das restliche Eiweiß vorsichtig unterheben, denn wenn Sie jetzt kräftig rühren, wäre das so, als ob Sie Luft aus einem Ballon herauslassen, von *fluffiness* keine Spur mehr.

5 Waffeln backen.

CORNMEAL BUTTERMILK WAFFLES Maismehl-Buttermilch-Waffeln

TROCKENE ZUTATEN 245 g Mehl • 180 g Polenta (fein) 45 g Zucker • 2 1/2 TL Backpulver • 1/2 TL Natron • 1 TL Salz **FLÜSSIGE ZUTATEN** • 3 Eier, getrennt • 60 g Butter, zerlassen • 600 ml Buttermilch

1 Eigelb mit Butter und Buttermilch verschlagen, die trockenen Zutaten hinzufügen und rühren, bis sie gerade so vermischt sind.

2 Eiweiß steif schlagen.

3 1/3 der Eiweißmasse unter den Teig heben und gut mischen, das bereitet den Teig auf das restliche Eiweiß vor.

4 Das restliche Eiweiß vorsichtig unterheben, denn wenn Sie jetzt kräftig rühren, lassen Sie die Luft aus dem Ballon.

5 Und jetzt: Waffeln backen.

YEAST WAFFLES Hefewaffeln

6–8 Waffeln

ZUTATEN

21 g frische Hefe (1/2 Würfel)
 oder 7 g Trockenhefe
 (1 Päckchen)
125 ml Wasser, Zimmertemperatur
5 g Zucker (1 TL)
485 ml warme Milch
120 g zerlassene Butter
3/4 TL Salz
285 g Mehl
2 Eier
1/4 TL Natron

1 Am Abend vorher die Hefe mit dem Wasser und dem Zucker in einer ziemlich großen Rührschüssel (ca. 3 l, der Teig bläht sich ja über Nacht auf) vermischen. 5 Minuten ruhen lassen.

2 Haben sich dann Bläschen gebildet, ist das ein gutes Zeichen – die Hefe lebt.

3 Milch, Butter, Salz und Mehl hinzufügen. Gut verschlagen, wenn Sie mögen, mit einem Handmixer.

4 Mit Klarsichtfolie abdecken und über Nacht auf dem Küchentisch stehen lassen.

5 Morgens die Eier verschlagen und das Natron untermischen, das Waffeleisen ganz heiß werden lassen und loslegen.

6 Der Teig ist zwar ziemlich dünn, macht aber die besten Hefewaffeln der Welt. Er hält sich zwei Tage im Kühlschrank und 2 Monate im Gefrierer.

Die ultimative Waffel: nicht so süß, dafür aber durch die Hefe sehr aromatisch. Ganz besonders geeignet, wenn Sie jemanden am frühen Morgen überraschen möchten! Denn das Schöne daran ist, dass der Teig schon am Abend vorher angesetzt wird – keine Sorge, der Waffelteig muss nicht geknetet werden. Am nächsten Morgen kommen nur noch die Eier und das Natron hinein – fertig! Ach ja, und das Backen nicht vergessen.

FRENCH TOAST

Arme Ritter

In den USA buhlen French Toast, Waffeln und Pancakes um die Gunst der Frühstückfans. Als junges Mädchen habe ich einmal in den Ferien auf Hawaii French Toast gegessen. Ich verstand nicht, wie die Scheiben so dick sein konnten. Irgendwie wirkten sie unecht. Bis ich Jahre später begriff, dass sie dort nicht das vorgeschnittene Plastikbrot verwendeten wie wir zu Hause, sondern einfach ganz normales Brot in extra dicke Scheiben schnitten. Für mich eine Offenbarung. Ich hatte das Geheimnis des köstlichsten French Toast gelüftet!

5 Portionen

ZUTATEN

3–4 Eier
240 ml Milch (oder Sahne)
1 Prise Zimt
5 dicke Scheiben vom Kastenweißbrot oder 5 Croissants vom Vortag, der Länge nach halbiert

1 Eier und Milch oder Sahne verschlagen, Zimt hinzufügen.

2 Die Brotscheiben oder die aufgeschnittenen Croissants in die Milchmischung tauchen, dabei einmal umdrehen.

3 Etwas Butter in der Pfanne zerlassen und die Croissants auf jeder Seite goldbraun braten.

4 Mit Früchtebutter oder warmem Ahornsirup servieren. Lecker.

CYNTHIAS TIPP

Machen Sie Ihren French Toast so leicht oder so dekadent, wie Sie wollen, ganz nach Laune. Besonders teuflisch wird's, wenn Sie Sahne statt Milch nehmen und außerdem noch 30 g Zucker hinzufügen. Sie können French Toast auch mit dicken Bagel-Scheiben, Zopfbrot oder Challah (Seite 76) machen – wie es Ihnen gefällt. Auch das Kartoffelbrot (Seite 70) eignet sich hervorragend als French Toast.

NEW YORK BLINTZES

Gefüllte Crêpes New York Style

Blintzes erinnern mich immer an New York mit seinen jüdischen Delikatessen. Im Prinzip sind es Crêpes, einseitig gebraten, gefüllt und dann auf der anderen Seite gebraten. Entweder werden sie mit Früchten gefüllt und mit saurer Sahne getoppt, oder aber es gibt eine Quark-Ricotta-Füllung, und die Früchte kommen obendrauf. Wie auch immer, sie schmecken wunderbar, und ich garantiere Ihnen, Sie werden süchtig, sobald Sie sie einmal probiert haben. Gefüllte Blintze können, wenn sie gebraten sind, ein paar Tage im Kühlschrank lagern und dann in der Mikrowelle aufgewärmt werden, oder Sie frieren sie ein und erwärmen sie ca. 15 Minuten bei 180 °C im Ofen. Aber eigentlich gehören sie verschlungen, sobald sie die Pfanne verlassen.

Ca. 18 Crêpes für 4 Personen

ZUTATEN
3 große Eier
1/2 TL Salz
105 g Mehl
325 ml Milch
15 g Butter
oder 1 EL Öl
etwas zerlassene Butter zum Einpinseln der Pfanne

DAS ERSTE BRATEN DER BLINTZE

1 Alles gut vermischen, egal, ob mit dem Schneebesen oder in einem Standmixer; nur Klümpchen dürfen sich nicht bilden.

2 Eine Omelett- oder Bratpfanne gut mit geschmolzener Butter einpinseln. Wenn die Pfanne heiß ist (Wassertropfen-Zisch-Test), gießen Sie 4–5 EL Teig in die Pfanne – gerade genug, um den Pfannenboden zu bedecken – und schwenken die Pfanne, um den Teig gleichmäßig zu verteilen.

3 Den Blintz nur auf einer Seite braten, bis er am Rand goldbraun wird und sich vom Pfannenrand zurückzieht.

4 Mit der gebratenen Seite nach oben auf ein Geschirrhandtuch legen und den nächsten in Angriff nehmen.

5 Fertige Blintze aufeinanderstapeln, immer mit der gebratenen Seite nach oben. Nach ein paar Blintzen wird die Pfanne so gut geschmiert sein, dass Sie keine weitere Butter zum Braten brauchen.

Weiter geht es mit den Füllungen auf der nächsten Seite.

BLINTZ FILLINGS

Verschiedene Füllungen

QUARKFÜLLUNG
500 g Quark (20 %) oder Ricotta
1 Ei
40 g Zucker
30 g Mehl
1/2 TL Salz

FRUCHTSAUCE
750 g Beeren (Blaubeeren, Erdbeeren oder entsteinte Kirschen)
1 EL Zitronensaft
65 g Zucker

FRUCHTFÜLLUNG
500 g Früchte (Blaubeeren, entsteinte Kirschen oder geschälte, kleingeschnippelte Pfirsiche)
1 EL Zitronensaft
45 g Mehl
35 g Zucker

CHEESE FILLING
Quarkfüllung

1 Einfach nur alles miteinander vermischen. Fertig. Mit einer fruchtigen Sauce servieren, und Sie sind mit sich und der Welt wieder im Reinen.

FRUIT SAUCE FOR THE CHEESE FILLING
Fruchtsauce für die Quark-Blintze

1 Alles in einem Topf zugedeckt ganz langsam zum Kochen bringen. Ein paar Minuten köcheln lassen, und voilà: Ihre Sauce.

FRUIT FILLING
Fruchtfüllung

1 Die Früchte in einem Topf 5 Minuten auf mittlerer Flamme schmoren.

2 Den Zitronensaft hinzufügen und dann das Mehl langsam unterrühren.

3 Den Zucker hineinrieseln lassen und die Sauce 10 Minuten lang köcheln.

4 Von der Flamme nehmen und etwas abkühlen lassen, bevor Sie es als Füllung einsetzen.

5 Diese Blintze mit saurer Sahne servieren.

... UND JETZT WERDEN DIE BLINTZE ZUM ZWEITEN MAL GEBRATEN

Einen gehäuften EL Füllung auf das untere Drittel eines jeden Blintz setzen, das Ende drüberklappen, dann die Seiten einklappen und aufrollen. Bis zum Braten auf einen Teller legen.
Sie brauchen eine größere Pfanne, Butter darin zerlassen und die Päckchen auf beiden Seiten braten, bis sie goldbraun und crispy, knusprig, sind.
Sofort servieren, mit saurer Sahne garniert bei einer fruchtigen Füllung; wenn Quark drin ist, mit einer Fruchtsauce.

CINNAMON ROLLS

Zimtschnecken

Ca. 12 Stück in einer Springform
mit 26 cm Durchmesser

Der Teig der Cinnamon Rolls ist einfach umwerfend. Durch das Kartoffelpüree wird er leicht und spongy *(luftig) und nicht zu süßlich. Ein geniales Mittel, um die Cinnamon Rolls und Sticky Buns (Seite 36) aufzulockern.*

TROCKENE ZUTATEN
650 g Mehl
35 g Zucker
3/4 TL Salz
40 g Rosinen

21 g frische Hefe (1/2 Würfel) oder 1 Päckchen Trockenhefe

FLÜSSIGE ZUTATEN
125 ml Kartoffelpüree
60 g weiche Butter
1 großes Ei
125 ml Milch, Zimmertemperatur
125 ml Buttermilch, Zimmertemperatur

FÜLLUNG
2 EL Sirup (Grafschafter Goldsaft)
60 g Butter
1 EL Zimt
4 EL Zucker

GLASUR
2 EL Milch
70 g Puderzucker

DER TEIG

1 Für das Kartoffelpüree: Einfach etwa 125 g Kartoffeln weich kochen, abgießen und mit einer Gabel zerdrücken, bis der Brei glatt ist.

2 Die weiche Butter hinzufügen, solange die Kartoffeln noch warm sind.

3 Eier, Milch und Buttermilch dazugeben. Beide Milchsorten sollten Zimmertemperatur haben, Hitze tötet die Hefe. Die Hefe dazugeben und gut vermischen.

4 Alle trockenen Zutaten samt Rosinen in einer großen Rührschüssel vermischen.

5 Die flüssigen zu den trockenen Zutaten geben. Handmixer mit Knethaken einsetzen und alles gut verrühren.

6 Den Teig auf der Arbeitsfläche etwa 5 Minuten kräftig durchkneten, bis er glatt und elastisch ist.

7 Den Teig zurück in die eingebutterte Schüssel legen, mit einem feuchten Geschirrtuch abdecken und eine Stunde gehen lassen, bis er sich verdoppelt hat.

Auf der nächsten Seite geht es weiter mit der Füllung ...

DIE FÜLLUNG

8 Ofen auf 190 °C vorheizen.

9 Sirup und Butter zusammen schmelzen, entweder in der Mikrowelle oder auf dem Herd.

10 Zimt in den Zucker mischen.

11 Boden und Seiten einer Springform (ø 26 cm) einbuttern.

12 Wenn der Teig rund eine Stunde gegangen ist, niederboxen, aus der Schüssel nehmen und auf die bemehlte Arbeitsfläche legen. 2 cm dick ausrollen, sodass ein Rechteck von ca. 35 cm Länge und 30 cm Breite entsteht.

13 Mit dem Buttersirup einpinseln, am Rand jeweils 1 cm frei lassen.

14 Mit einem großen Löffel den Zimtzucker gleichmäßig großzügig über dem Sirup verteilen.

15 Den Teig von dem Ende her, das Ihnen am nächsten liegt, gleichmäßig und fest aufrollen, wie einen Teppich. Mit einem sehr scharfen Messer 3–4 cm dicke Scheiben abschneiden und dicht nebeneinander in die Springform legen. Der Platz sollte gerade so für alle Scheiben ausreichen.

16 Die Cinnamon Rolls noch mal 30 Minuten gehen lassen und dann etwa 30 Minuten backen, bis sie goldbraun sind.

17 10 Minuten Ruhe gönnen. Aus der Springform nehmen.

18 Im Ganzen mit der Glasur beträufeln. Die einzelnen Cinnamon Rolls mit einem Messer voneinander trennen. Versuchen Sie, die Größe und Form der Originalrollen beizubehalten.

DIE GLASUR

Für die Glasur 2 EL Milch mit ca. 70 g Puderzucker verrühren. Das sollte dann ungefähr die Konsistenz von dickem Lack haben, aber noch vom Schneebesen tröpfeln. Das Gebäck mit dieser Glasur bestreichen, so dick, wie es Ihnen gefällt. Göttlich!

Wine Country
Cabernet Sauvignon
Merlot

PECAN STICKY BUNS

Pekan-Karamell-Schnecken

Ca. 12 Stück in einer
Springform mit 26 cm Durchmesser

TROCKENE ZUTATEN
650 g Mehl
35 g Zucker
3/4 TL Salz

21 g frische Hefe (1/2 Würfel) oder 1 Päckchen Trockenhefe

FLÜSSIGE ZUTATEN
125 g Kartoffelpüree
60 g weiche Butter
1 großes Ei
125 ml Milch, Zimmertemperatur
125 ml Buttermilch, Zimmertemperatur

FÜLLUNG
2 EL Sirup (Grafschafter Goldsaft)
60 g Butter

1 EL Zimt
4 EL Zucker

KARAMELL
125 ml Ahornsirup
60 g Butter
50 g Zucker
1 TL Sirup (Grafschafter Goldsaft)
1 Hand voll ungehackte Pekannüsse

DER TEIG

1 Für das Kartoffelpüree: Einfach ca. 125 g Kartoffeln weich kochen, abgießen und mit einer Gabel zerdrücken, bis der Brei glatt ist.

2 Die weiche Butter hinzufügen, solange die Kartoffeln noch warm sind.

3 Eier, Milch und Buttermilch dazugeben. Beide Milchsorten sollten Zimmertemperatur haben, Hitze tötet die Hefe. Die Hefe dazugeben und gut vermischen.

4 Alle trockenen Zutaten in einer großen Rührschüssel vermischen.

5 Die flüssigen zu den trockenen Zutaten geben. Handmixer mit Knethaken einsetzen und alles gut verrühren.

6 Wenn alles gut vermischt ist, den Teig auf der Arbeitsfläche etwa 5 Minuten kräftig durchkneten, bis er glatt und elastisch ist.

7 Den Teig zurück in die eingebutterte Schüssel legen, mit einem feuchten Geschirrtuch abdecken und eine Stunde gehen lassen, bis er sich verdoppelt hat.

Auf der nächsten Seite geht es weiter mit der Füllung …

DER KARAMELL

8 Alle Zutaten für den Karamell in einem Topf zum Kochen bringen.

9 Sobald sich der Zucker aufgelöst hat, den Karamell in eine Springform (ø 26 cm) gießen und gleichmäßig über dem ganzen Boden verteilen.

10 Den Karamellsirup mit einer Lage ungehackten Pekannüssen bedecken.

DIE FÜLLUNG

11 Ofen auf 190 °C vorheizen.

12 Sirup und Butter zusammen schmelzen, entweder in der Mikrowelle oder auf dem Herd.

13 Zimt in den Zucker mischen.

14 Wenn der Teig rund eine Stunde gegangen ist, niederboxen, aus der Schüssel nehmen und auf die bemehlte Arbeitsfläche legen. 2 cm dick ausrollen, sodass ein Rechteck von ca. 35 cm Länge und 30 cm Breite entsteht.

15 Mit dem Buttersirup einpinseln, am Rand jeweils 1 cm frei lassen.

16 Mit einem großen Löffel die Zimt-Zucker-Mischung gleichmäßig großzügig über dem Sirup verteilen.

17 Den Teig von dem Ende her, das Ihnen am nächsten liegt, gleichmäßig und fest aufrollen, wie einen Teppich. Mit einem sehr scharfen Messer 3–4 cm dicke Scheiben abschneiden und nebeneinander in die Springform legen. Der Platz sollte gerade so für alle Scheiben ausreichen.

18 Die Sticky Buns noch mal 30 Minuten gehen lassen und dann etwa 30 Minuten backen, bis sie goldbraun sind.

19 5 Minuten Ruhe gönnen, ehe Sie die Springform auf eine große Platte stürzen. Den Ring entfernen und behutsam mit einem großen Messer den Boden von den Sticky Buns lösen.

20 Die einzelnen Buns mit einem Messer voneinander trennen. Versuchen Sie, die Größe und Form der Original-Buns beizubehalten.

21 Mit Butter servieren.

Bascom's

SCONES

Englisches Teegebäck

Ein Scone ist ein traditionelles britisches Teegebäck. Als wir Amerikaner es irgendwann in den 80er Jahren entdeckten, haben wir es auf den Kopf gestellt und in jeder nur möglichen Kombination ausprobiert: mit Datteln und Nüssen, Schokolade und Haselnüssen, mit Backpflaumen und Haferflocken, von den herzhaften Varianten ganz zu schweigen. Egal, wie Sie den Scone essen, er ist weniger süß als ein Muffin und macht trotzdem rundum glücklich.

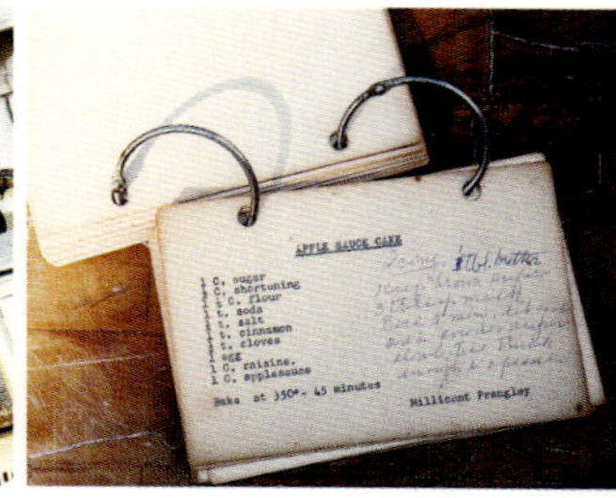

CHOCOLATE HAZELNUT SCONES Haselnuss-Scones mit Schokostückchen

8 Scones

TROCKENE ZUTATEN
280 g Mehl
50 g Zucker
1 1/2 TL Backpulver
1/2 TL Natron
1/4 TL Salz

90 g kalte Butter

FLÜSSIGE ZUTATEN
120 ml kalte Buttermilch
1/2 TL Sirup (Grafschafter Goldsaft)
1 Ei

WEITERE ZUTATEN
100 g Zartbitterschokolade, grob gehackt
55 g Haselnüsse

1 Ofen auf 190 °C vorheizen. Backblech mit Backpapier auslegen, beiseitestellen.

2 Geschälte Haselnüsse in einer Pfanne goldfarben rösten. Bitte aufpassen, Nüsse brennen schnell an! Bewegen Sie sie ständig in der Pfanne. Dann grob hacken und zum Abkühlen beiseitestellen, anschließend mit der gehackten Schokolade vermischen.

3 Alle trockenen Zutaten in einer großen Schüssel mischen. Butter in kleine Stücke schneiden und in die Mehlmischung geben. Mit den Fingerspitzen die Butter ins Mehl reiben, bis die Mehlmischung krümlig aussieht.

4 Buttermilch, Sirup und Ei verschlagen, in die Mehl-Butter-Mischung geben und nur so kurz mischen, dass die Zutaten sich gerade eben verbinden.

5 Dann die Schoko-Nuss-Mischung dazugeben. Das Ganze auf die Arbeitsfläche kippen und aus dem Teig einen Kreis mit etwa 20 cm Durchmesser und 2 cm Dicke formen. Den Kreis wie einen Kuchen in 8 Stücke teilen. Sie können auch mit einem Glas 8 runde Stücke ausstechen.

6 Bei 190 °C ca. 18–22 Minuten backen, bis sie etwas Farbe angenommen haben. 10 Minuten auf dem Gitter abkühlen lassen, bevor Sie sich darüber hermachen!

IRISH SODA BREAD SCONES

Irische Sodabrot-Scones

Unglaublich köstlich! Ich habe sie zum ersten Mal bei Serendipity ganz in der Nähe von Bloomingdale's gegessen. Ich war 16 und schwänzte zusammen mit zwei Freundinnen die Schule: Frei und ungebunden trieben wir durch New York, gingen zu Calvin Klein und aßen Scones bei Serendipity! Ich hatte gar nicht gewusst, wie toll das Leben sein konnte.

8 Scones

TROCKENE ZUTATEN
280 g Mehl
35 g Zucker
1 1/2 TL Backpulver
1/2 TL Natron
1/2 TL Kümmel
1/2 TL Salz

75 g kalte Butter

FLÜSSIGE ZUTATEN
120 ml Buttermilch
1 TL Sirup (Grafschafter Goldsaft)
1 Ei

WEITERE ZUTATEN
55 g Walnüsse
30 g Rosinen
30 g Korinthen

1 Ofen auf 190 °C vorheizen. Backblech mit Backpapier auslegen, beiseitestellen.

2 Trockene Zutaten in einer großen Schüssel mischen. Eiskalte Butterstückchen mit den Fingerspitzen ins Mehl reiben, bis das Mehl grobkrümelig aussieht.

3 Buttermilch, Ei und Sirup verschlagen, in die Mehl-Butter-Mischung geben und nur so kurz mischen, dass die Zutaten sich gerade so verbinden.

4 Dann die Walnüsse, Rosinen und Korinthen hinzufügen. Das Ganze auf die Arbeitsfläche kippen und aus dem Teig einen Kreis mit ca. 20 cm Durchmesser und 2 cm Dicke formen. Den Kreis wie einen Kuchen in 8 Stücke teilen. Sie können auch mit einem Glas 8 runde, 2 cm dicke Stücke ausstechen.

5 Bei 190 °C ca. 18–22 Minuten backen, bis sie etwas Farbe angenommen haben. 10 Minuten auf dem Gitter abkühlen lassen. Enjoy!

CLASSIC CREAM SCONES

Klassische Cream-Scones

8 Scones

TROCKENE ZUTATEN
350 g Mehl
70 g Zucker
2 1/2 TL Backpulver
1 Prise Salz

90 g kalte Butter

FLÜSSIGE ZUTATEN
160 ml Sahne
1 Ei

WEITERE ZUTATEN
100 g grob gehackte Zartbitterschokolade
75 g Korinthen

1 Ofen auf 190 °C vorheizen. Backblech mit Backpapier auslegen, beiseitestellen.

2 Trockene Zutaten in einer großen Schüssel mischen. Eiskalte Butterstückchen mit den Fingerspitzen ins Mehl reiben, bis das Mehl grobkrümelig aussieht.

3 Sahne und Ei verschlagen, in die Mehl-Butter-Mischung geben und nur so kurz mischen, dass die Zutaten sich gerade so verbinden.

4 Dann die Schokolade und Korinthen hinzufügen. Das Ganze auf die Arbeitsfläche kippen und aus dem Teig einen Kreis mit ca. 20 cm Durchmesser und 2 cm Dicke formen. Den Kreis wie einen Kuchen in 8 Stücke teilen. Sie können auch mit einem Glas 8 runde, 2 cm dicke Stücke ausstechen.

5 Bei 190 °C ca. 18–22 Minuten backen, bis sie etwas Farbe angenommen haben. 10 Minuten auf dem Gitter abkühlen lassen.

VERSUCHEN SIE DOCH EINMAL:

BACKPFLAUMEN-MANDEL-SCHOKO-SCONES
Korinthen durch 80 g Backpflaumen ersetzen und 70 g Mandeln hinzufügen.

DATE NUT SCONES

Dattel-Nuss-Scones

8 Scones

TROCKENE ZUTATEN
315 g Mehl
50 g Zucker
2 1/4 TL Backpulver
1/2 TL Salz
abgeriebene Schale einer Zitrone

125 g kalte Butter

FLÜSSIGE ZUTATEN
80 ml kalte Milch
1 TL Sirup (Grafschafter Goldsaft)
1 Ei

WEITERE ZUTATEN
55 g Walnüsse oder Pistazien
ca. 120 g Datteln oder getrocknete Feigen, grob gehackt (vor dem Hacken leicht mit Mehl bestäuben, dann kleben sie nicht so aneinander)

1 Ofen auf 190 °C vorheizen. Backblech mit Backpapier auslegen, beiseitestellen.

2 Zuerst die Walnüsse oder Pistazien rösten. Grob hacken und zum Abkühlen beiseitestellen, dann erst mit den Datteln oder Feigen mischen.

3 Trockene Zutaten in einer großen Schüssel mischen. Eiskalte Butterstückchen mit den Fingerspitzen ins Mehl reiben, bis das Mehl grobkrümelig aussieht.

4 Milch, Sirup und Ei verschlagen, in die Mehl-Butter-Mischung geben und nur so kurz mischen, dass die Zutaten sich gerade so verbinden.

5 Dann die Dattel-Nuss-Mischung hinzufügen. Das Ganze auf die Arbeitsfläche kippen und aus dem Teig einen Kreis mit ca. 20 cm Durchmesser und 2 cm Dicke formen. Den Kreis wie einen Kuchen in 8 Stücke teilen. Sie können auch mit einem Glas 8 runde, 2 cm dicke Stücke ausstechen.

6 Bei 190 °C ca. 18–22 Minuten backen, bis sie etwas Farbe angenommen haben. 10 Minuten auf dem Gitter abkühlen lassen.

VERSUCHEN SIE DOCH EINMAL:

WEISSE SCHOKOLADE UND GETROCKNETE APRIKOSEN
100 g gehackte weiße Schokolade statt der Walnüsse verwenden und die Datteln durch 100 g getrocknete Aprikosen ersetzen. Und ein bisschen abgeriebene Bio-Orangenschale macht sich auch ganz wunderbar darin! (Abbildung rechts)

MUFFINS

Was sind eigentlich Muffins?

Das Wort »Muffin« bezieht sich einfach auf die Form, in der diese kleinen Küchlein gebacken werden, und es gibt sie in tausend Variationen: süß und gesund zum Frühstück oder als Snack zwischendurch, herzhaft zum Abendessen anstelle von Brot. Am genialsten finde ich, dass sie so einfach zu machen sind. Ein großartiges Mitbringsel. Sie fehlen bei keinem Schulfest, wo es darum geht, durch Kuchenverkauf die Klassenkasse aufzubessern. Also ran an den Backofen!

BANANA WALNUT MUFFINS

Bananen-Walnuss-Muffins

Bananen-Walnuss-Muffins mache ich seit meinem zehnten Lebensjahr. Diese sehr amerikanische Kombination schlägt wirklich alles. Sie ist nicht zu süß und macht sich ganz wunderbar als Frühstück für unterwegs.

12 Muffins

ZUTATEN A
330 g Mehl
1/2 TL Natron
1/2 TL Backpulver
1/8 TL Nelken
1/8 TL Muskat

ZUTATEN B
140 g weiche Butter
125 g Zucker
2 große Eier

ZUTATEN C
240 ml Bananenpüree
(3 mittelgroße Bananen)
70 g grob gehackte Walnüsse

1 Ofen auf 190 °C vorheizen. Die Muffinform (12 Muffins) ausbuttern.

2 Die weiche Butter mit dem Zucker cremig rühren. Wenn Sie eine KitchenAid haben, verwenden Sie den Flachrührer, ein Handmixer tut's aber auch.

3 Wenn die Zucker-Butter-Mischung cremig ist, fügen Sie die Eier hinzu und schlagen Sie sie so lange weiter, bis alles gut verrührt ist.

4 Mischung zur Seite stellen und die Bananen pürieren. Natürlich kann man dazu eine Maschine benutzen, aber bei schönen, reifen Bananen ist eine Gabel genauso schnell und effektiv. Achtung: Es dürfen keine Stücke im Bananenpüree sein, denn unpürierte Banane bäckt schlecht, und die Enttäuschung ist groß, wenn Sie in einen nur halbgebackenen Muffin beißen.

5 Walnüsse grob hacken – oder einfach mit der Hand zerbröckeln.

6 Im nächsten Schritt vermischen Sie die trockenen Zutaten gut miteinander.

7 Jetzt den Teig mit einem Holzlöffel oder Gummispachtel zusammenmischen, sodass sie sich eben gerade so verbinden. Benutzen Sie niemals den Handmixer, um die Zutaten A mit den Zutaten B zu vermengen. Dann hinein mit den Walnüssen und noch ein kleines bisschen rühren. Nicht übertreiben, ein paar Flecken unverrührtes Mehl sind ein gutes Zeichen.

8 Den Teig gleichmäßig auf die Muffinpfannen verteilen und 18 Minuten backen. Piksen Sie mit einem Zahnstocher in einen Muffin und sehen Sie nach, ob er sauber herauskommt. Klebt noch ein bisschen Teig daran, zurück in den Ofen damit und ein paar Minuten länger backen.

BEER WALNUT MUFFINS

Bier-Walnuss-Muffins

Gleich nachdem Barcomi's 1994 eröffnet hatte, begann ich, für die Lebensmitteletage des KaDeWe zu backen. Durch einen Artikel im »Feinschmecker« auf mich und meine selbst gemachten Bagels aufmerksam geworden, rief mich der Direktor der Lebensmitteletage an. Er kam mit seinem Assistenten im Laden in der Bergmannstraße vorbei und probierte sich durch mein Angebot. Ich habe noch nie jemanden so viel essen sehen. Ihnen schmeckte alles, was sie probierten, und sie bestellten für den nächsten Tag riesige Mengen. Ich hatte keine Ahnung, wie ich diese Bestellung mit meinem kleinen Ofen bewältigen sollte. Doch das war mein Problem und nicht ihres, und ich ließ sie nicht spüren, in welcher Zwickmühle ich mich befand. Und eine weitere Herausforderung erwartete mich: Ich sollte einen Muffin kreieren, der dem deutschen Gaumen schmeicheln würde.

12 Muffins

ZUTATEN A
350 g Mehl
50 g Zucker
1 EL Backpulver
1 1/2 TL Natron
1 TL Salz
1/8 TL Muskat
Versuchen Sie's auch mal mit frischem Salbei!

ZUTATEN B
60 g zerlassene Butter
1 großes Ei
0,25 l Kristallweizen

ZUTATEN C
75 g geriebener Cheddar-Käse
85 g grob gehackte Walnüsse

1 Ofen auf 190 °C vorheizen. Die Muffinform (12 Muffins) ausbuttern.

2 Die Zutaten A zu den Zutaten B geben und leicht vermischen, nicht zu stark rühren.

3 Zutaten C, also den Käse und die Walnüsse, unterheben.

4 Den Teig gleichmäßig auf die Muffinförmchen verteilen.

5 18 Minuten backen, Garprobe nicht vergessen.

APPLE CINNAMON MUFFINS

Apfel-Zimt-Muffins

Apfel-Zimt-Muffins gehören zu den gastronomisch-kulinarischen Missverständnissen zwischen Deutschland und Amerika. Zunächst nannte ich diese Muffins Apple & Cheddar Cheese Muffins, aber ich wurde sie nicht los, ich konnte sie nicht verschenken, geschweige denn verkaufen. Für Deutsche passen Apfel und Cheddar, diese typisch amerikanische Kombi, einfach nicht zusammen. Hmmm, dachte ich mir, aber sie sind doch so lecker, warum nenne ich sie nicht einfach Apple Cinnamon Muffins? Das beschreibt sie auch, und ich weiß, Deutsche lieben Apfel mit Zimt. Und, was soll ich sagen: A star was born!

12 Muffins

ZUTATEN A
370 g Mehl
1 TL Backpulver
1/2 TL Natron
1/4 TL Zimt
1 Prise Muskat

ZUTATEN B
30 g weiche Butter
125 g Zucker
2 Eier
250 ml Buttermilch

ZUTATEN C
100 g Cheddar-Käse, grob geraffelt
75 g Pekannüsse oder Walnüsse, gehackt
1 Apfel, geschält, entkernt und in kleine Stückchen geschnitten

1 Ofen auf 190°C vorheizen, die Muffinform (12 Muffins) ausbuttern.

2 Die Zutaten A abwiegen.

3 Butter und Zucker schaumig rühren, am besten mit dem Handmixer.

4 Eier hinzufügen und weiterrühren.

5 Wenn die Eier gut verrührt sind, Buttermilch hinzufügen und gut vermischen.

6 Zutaten A und Zutaten B mit einem Gummispachtel mischen, beim Rühren nicht übertreiben.

7 Die Chunks (Zutaten C) unterheben – Apfelstückchen, Nüsse und Käse. Gut im Teig verteilen.

8 Den Teig gleichmäßig auf die Muffinförmchen verteilen.

9 Ca. 18 Minuten backen, Garprobe machen.

TRIPLE CHOCOLATE CHIP MUFFINS Dreifache Schoko-Chip-Muffins

12 Muffins

ZUTATEN A
335 g Mehl
1 TL Natron
1/2 TL Salz

ZUTATEN B
75 g Butter
200 g Zartbitterschokolade
100 g Zucker
1 Ei
175 ml Milch
1/2 TL Vanillezucker

ZUTATEN C
100 g weiße Schokolade, grob gehackt
50 g Vollmilchschokolade, grob gehackt

1 Ofen auf 190 °C vorheizen. Die Muffinform (12 Muffins) ausbuttern.

2 Zutaten A abwiegen und vermischen.

3 Butter und Schokolade in der Mikrowelle bei niedriger Einstellung oder im Wasserbad über kaum köchelndem Wasser schmelzen. Darauf achten, dass die Schokolade nicht anbrennt!

4 Zucker in die geschmolzene Schokoladenmischung schlagen, das Ei hinzufügen, dann die Milch und den Vanillezucker untermischen. Diese Mischung abkühlen lassen.

5 Weiße und Vollmilchschokolade mischen und beiseitestellen.

6 Zutaten A zu den Zutaten B geben, leicht verrühren, Schoko-Bröckchen hinzufügen, noch ein bisschen mischen und auf die Muffinförmchen verteilen.

7 18 Minuten backen. Die Garprobe nicht vergessen.

MIRRO
162M

HAZELNUT FIG MUFFINS

Haselnuss-Feigen-Muffins

12 Muffins

ZUTATEN A
100 g kernige (grobe) Haferflocken
350 g Mehl
1 EL Backpulver
1/4 TL Salz

ZUTATEN B
60 g Butter, zerlassen
50 g Zucker
2 Eier
1 1/2 EL Sirup (Grafschafter Goldsaft)
250 ml Milch

ZUTATEN C
50 g Haselnüsse, leicht angeröstet und gehackt
8 getrocknete Feigen, gehackt

1 Ofen auf 190 °C vorheizen. Die Muffinform (12 Muffins) ausbuttern.

2 Zutaten A und Zutaten B abmessen.

3 Feigen und Nüsse mischen.

4 Die zerlassene Butter in eine große Schüssel gießen und mit dem Schneebesen den Zucker hineinschlagen, gefolgt von Eiern, Sirup und Milch.

5 Zutaten A zu den Zutaten B geben, mit einem Holzlöffel leicht verrühren. Dann die Haselnüsse und Feigen unterheben, bis der Teig sich gerade so verbindet.

6 Den Teig gleichmäßig auf die Muffinförmchen verteilen.

7 18 Minuten backen. Garprobe machen.

BLUEBERRY CORNBREAD MUFFINS Blaubeer-Polenta-Muffins

12 Muffins

ZUTATEN A
150 g Mehl
2 1/2 TL Backpulver
65 g Zucker
170 g feine Polenta
1/2 TL Natron
1/4 TL Salz

ZUTATEN B
1 Ei
200 ml Buttermilch
1/2 TL Vanillezucker (kein Vanillin)
90 g Butter, zerlassen

250 g Blaubeeren

1 Ofen auf 190 °C vorheizen. Die Muffinform (12 Muffins) ausbuttern.

2 Die Zutaten A abmessen und vermischen, in einer zweiten Schüssel ebenso mit den Zutaten B verfahren.

3 Die Zutaten A zu den Zutaten B hinzufügen, leicht verrühren, dann die Blaubeeren dazugeben.

4 Den Teig gleichmäßig auf die Muffinförmchen verteilen.

5 18 Minuten backen. Garprobe machen.

Hier sind zwei Rezepte für Blaubeer-Muffins. Eins mit Buttermilch und Polenta (Maismehl) und das andere ganz traditionell ohne viel Firlefanz. Beide sind köstlich! Die Muffins mit Polenta haben ein bisschen mehr Biss und schmecken durch die Buttermilch prickelnder.

CLASSIC BLUEBERRY MUFFINS Blaubeer-Muffins

12 Muffins

ZUTATEN A
350 g Mehl
2 TL Backpulver
1/4 TL Salz

ZUTATEN B
125 g Butter
135 g Zucker
1/2 TL Vanillezucker (kein Vanillin)
2 Eier
125 ml Milch

250 g Blaubeeren

1 Ofen auf 190 °C vorheizen. Die Muffinform (12 Muffins) ausbuttern.

2 Die Butter zerlassen. Mit dem Schneebesen den Zucker und den Vanillezucker unter die heiße Butter rühren, dann Eier und Milch folgen lassen.

3 Die Zutaten A zu den Zutaten B geben, ganz leicht vermischen, dann die Blaubeeren unterheben.

4 Den Teig gleichmäßig auf die Muffinförmchen verteilen.

5 18 Minuten backen. Garprobe machen.

CHOCOLATE CHERRY MUFFINS

Schoko-Kirsch-Muffins

Die Schwarzwälder Kirschtorte stand Pate, als ich diesen etwas skurrilen Muffin entwickelte, sozusagen als kulinarische Brücke zwischen amerikanischem Gebäck und deutschem Geschmack. Er fand sofort regen Zuspruch und ist seitdem oft kopiert worden. Ein tolles Kompliment, denn Nachmachen ist ja die ehrlichste Form der Schmeichelei.

12 Muffins

ZUTATEN A
365 g Mehl
100 g Zucker
1 TL Natron
1/2 TL Salz

ZUTATEN B
250 ml Buttermilch
80 ml Pflanzenöl
2 Eier
1/2 TL Vanillezucker (kein Vanillin)

ZUTATEN C
60 g Mandeln, geröstet, abgekühlt, von Hand gehackt
100 g Zartbitterschokolade, gehackt
50 g Haferflocken (Kölln's Kernige aus dem vollen Korn)
200 g gefrorene Kirschen, im Sieb aufgetaut, abgetropft, sehr grob gehackt

1 Ofen auf 190 °C vorheizen. Die Muffinform (12 Muffins) ausbuttern.

2 Zutaten A und Zutaten B abmessen.

3 Gehackte Mandeln mit Schokostückchen und Haferflocken vermischen.

4 Zutaten B mischen: erst die Buttermilch, dann das Öl und schließlich Eier und Vanille.

5 Nun die Zutaten A zu den Zutaten B geben, nur leicht vermischen und die Mandel-Schoko-Mischung darüberstreuen. Vorsichtig unterrühren. Ganz zum Schluss die Kirschen unterheben.

6 Gleichmäßig auf die Muffinförmchen verteilen.

7 18 Minuten backen. Garprobe machen.

BREAD & PIZZA

Klassische Brot- & Pizza-Gerichte

Wer sagt denn, dass es beim Backen nur ums Süße geht? Hier eine Sammlung herzhafter, vielseitiger Brote, die nur darauf warten, geschnitten, getoasted, gegrillt und verschlungen zu werden. Ihrer Fantasie sind keine Grenzen gesetzt: Wenn Sie im Brot lieber Salbei statt Basilikum schmecken möchten, rein damit. Nur Mut, es gibt keine Regeln. Das gilt ganz besonders für Pizza und Toppings. Wenn Sie Fisch mögen, dann machen Sie Ihre erste Fischpizza mit Garnelen oder Thunfisch ... die Kombinationsmöglichkeiten sind ungezählt. Ein Hoch auf die Geschmacksfreiheit!

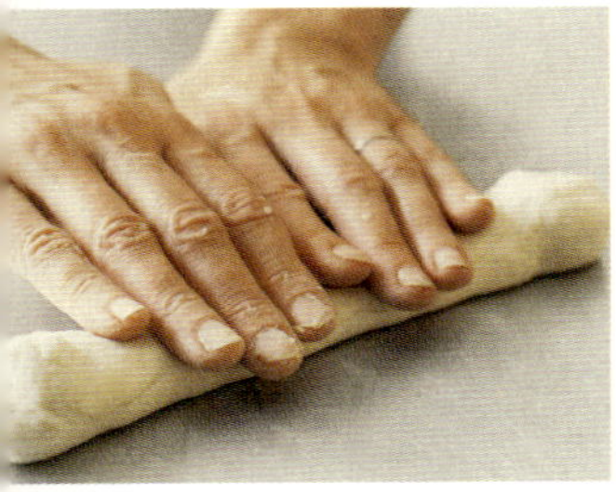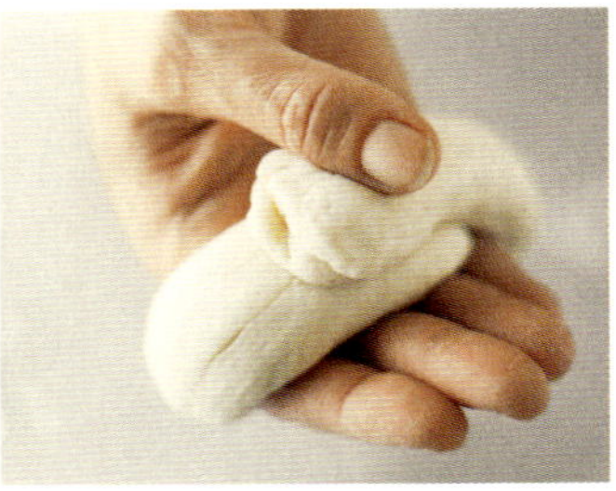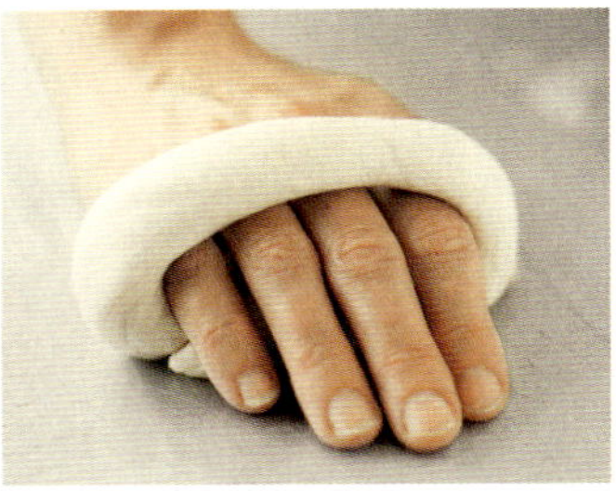

BAGEL – THE CIRCLE OF LIFE

Das Leben ist rund

Ca. 14 Bagels

ZUTATEN
50 g Zucker
525 ml Wasser
42 g frische Hefe oder 2 Päckchen Trockenhefe
20 g Salz
1 kg Mehl, Type 550
1 EL Zucker
Sesam, Mohn, Zwiebeln oder Knoblauch zum Bestreuen

CYNTHIAS TIPP
Dazu passen Frischkäse, Räucherlachs, rote Zwiebel und Tomate. Nach dem Abkühlen halbieren, mit Frischkäse bestreichen, eine Scheibe Räucherlachs drauf, das Ganze mit Ringen roter Zwiebel und Tomate getoppt – das ultimative NY Special. Jetzt brauchen Sie nur noch die »New York Times«.

1 Zucker ins Wasser geben und die Hefe hineinkrümeln. Mit dem Schneebesen verrühren, bis sie sich aufgelöst hat.

2 Salz ins Mehl streuen, mit dem Hefegemisch in eine große Rührschüssel geben und mit Hand oder Maschine kneten, bis der Teig weich und geschmeidig ist, so zwischen 5 und 10 Minuten. Zu einer Kugel formen, in die Schüssel legen, mit einem feuchten Tuch bedecken und etwa 45 Minuten gehen lassen, bis der Teig auf ungefähr doppelte Größe aufgegangen ist.

3 Ofen auf 225 °C vorheizen. Einen großen Topf Wasser mit 1 EL Zucker zum Kochen bringen. Ich wiege meinen Teig ab, 110 g pro Bagel, Sie können den Teig aber auch einfach nur in 14 gleich große Stücke teilen. Ein bisschen klebrig sollte er sein. Kein extra Mehl verwenden, der Teig lässt sich besser rollen, wenn er etwas klebt.

4 Jedes Stück zu einer Wurst rollen und um die Hand wickeln. Die offenen Enden müssen unter der Handfläche sein.Verbinden Sie die Enden, indem Sie sie sie mit der Handfläche zusammenrollen. Auf ein Backblech legen und noch einmal kurz gehen lassen. Mit den anderen Teigstücken ebenso verfahren.

5 Die Flamme auf klein schalten, sodass das Wasser gerade noch köchelt. Geben Sie so viele Bagels ins Wasser, wie Platz haben, ohne dass sie sich berühren. Wenn sie an die Oberfläche steigen (nach etwa 2 Minuten) holen Sie sie aus dem Wasser und legen sie aufs Backblech. Jetzt ist der Zeitpunkt gekommen, Sesam, Mohn, Zwiebeln oder Knoblauch darüberzustreuen. Mit Olivenöl bepinselt und mit Kräutern besprenkelt schmecken die Bagels auch lecker.

6 Wenn alle Bagels gekocht sind, kommen sie für 22 Minuten in den Ofen, bis sie goldbraun sind.

POTATO BREAD Kartoffelbrot

2 Laibe

ZUTATEN

750 g geschälte Kartoffeln, mit 2 TL Salz weich gekocht, gut abgetropft, gestampft und abgekühlt
125 ml warmes Wasser
21 g frische Hefe oder 1 Päckchen Trockenhefe
2 EL Olivenöl
710 g Mehl, Type 405
2 TL Salz

VARIANTEN

Jeweils grob hacken und in den Teig kneten.

MIT SCHWARZEN OLIVEN UND BASILIKUM

Eine Handvoll entsteinte Oliven und eine großzügige Handvoll frisches Basilikum.

MIT GETROCKNETEN TOMATEN UND KRÄUTERN

Eine Handvoll getrocknete Tomaten und eine großzügige Handvoll gemischte Kräuter (Petersilie, Basilikum, Thymian usw.).

MIT WALNÜSSEN UND ZWIEBELN

Eine Handvoll Walnüsse und eine kleine Zwiebel.

1 Die Hefe in das warme Wasser krümeln oder streuen, eine Prise Zucker dazugeben und 5 Minuten warten, bis sich Bläschen bilden. Olivenöl zur Wasser-Hefe-Mischung geben und die abgekühlten (Hitze killt die Hefe!) Stampfkartoffeln hineinrühren.

2 Jetzt das Mehl dazugeben. Alles gut durchmischen, am besten geht's mit dem Handmixer mit Knethaken.

3 Die ersten 2 Minuten auf niedriger Stufe, dann die Geschwindigkeit hochfahren und 5–10 Minuten weiterkneten. Anfangs kommt Ihnen der Teig vielleicht etwas trocken vor, aber je länger Sie kneten, desto weicher wird er. Also bitte niemals Wasser dazugießen!

4 Den Teig in eine Schüssel geben und mit einem feuchten Geschirrtuch abdecken. 30 Minuten gehen lassen.

5 In der Zwischenzeit den Ofen auf 190 °C vorheizen.

6 Die Arbeitsfläche leicht bemehlen. Den Teig in zwei Stücke teilen, eins beiseitelegen. Das eine Stück Teig zur Kugel rollen, platt drücken und aufrollen. Auf ein Backblech legen, mit dem Saum nach unten. Mit dem anderen Stück ebenso verfahren.

7 Beide Brote 20 Minuten gehen lassen. Dann das Backblech mit Polenta bestäuben und die Laibe umdrehen: Der Saum zeigt jetzt nach oben.

8 Etwa 45 Minuten backen, bis die Kruste goldbraun ist. Wenn Sie auf das Brot klopfen, sollte es hohl klingen. Auf einem Gitter 20 Minuten abkühlen lassen, ehe Sie es anschneiden.

PIZZA – DER IDEALE TEIG

Pizza gehört zu den Dingen, die ich mir selbst beigebracht habe, als ich mit meiner ersten Tochter schwanger war. Ich hatte Appetit auf eine wirklich gute Pizza, und mir wurde klar: Wenn ich eine wollte, würde ich sie mir selber machen müssen. Zwei Wochen lang habe ich jeden Tag Pizza gebacken, bis ich endlich zufrieden war. Dünne Kruste, fruchtige Tomatensauce und jeder nur erdenkliche Belag. Meiner Meinung nach kann man Pizza nicht im Schnellverfahren durchziehen. Je länger der Teig geht, desto mürber und müder wird die Hefe, und heraus kommt eine wirklich dünne Kruste. Wenn Sie den Boden dicker, brotartiger mögen, lassen Sie den Teig nur gut eine Stunde gehen.

2 Pizzen (ø 40 cm)

ZUTATEN

21 g frische Hefe oder
 1 Päckchen Trockenhefe
125 ml lauwarmes Wasser
1 Prise Zucker
175 ml kalte Milch
2 EL Olivenöl
420 g Mehl
1 1/2 TL Salz

VARIATION

PIZZATEIG MIT POLENTA

Diese Version ist köstlich. Der Teig ist einfach anders als bei einer reinen Mehlpizza und wird herrlich goldfarben. Statt der 420 g Mehl nehmen Sie nur 350 g Mehl plus 90 g Polenta.

1 Die Hefe mit Wasser und Zucker verrühren. 5 Minuten gehen lassen, bis sich Bläschen bilden.

2 Milch und Olivenöl verrühren und die Hefemischung dazugeben.

3 In einer großen Rührschüssel das Salz ins Mehl streuen. Die Olivenöl-Hefe-Milch dazugießen. Den Handmixer mit Knethaken einsetzen und mehrere Minuten rühren, bis alles gut vermengt ist. Den Teig 5 Minuten ruhen lassen, bevor Sie ihn auf Ihre bemehlte Arbeitsfläche kippen. Eine Tüte Mehl bereitstellen, Sie werden etwas davon zum Kneten brauchen und auch um zu verhindern, dass Ihr Teig an allem kleben bleibt.

4 Der Teig lässt sich meiner Meinung nach am besten mit der Hand kneten. Ein Hefeteig lebt, und es ist herrlich, ihn mit den Händen zu bearbeiten! Kneten Sie den Teig anfangs ungefähr 50-mal, dann gönnen Sie ihm (und sich) eine Ruhepause. Anschließend weiterkneten, bis er glatt und geschmeidig ist. Nach Bedarf etwas Mehl auf die Hände und die Arbeitsfläche streuen.

5 Legen Sie den Teig in eine Schüssel, die Sie mit etwas Olivenöl eingefettet haben. Ein ausgewrungenes Geschirrhandtuch darüberlegen und etwa anderthalb Stunden gehen lassen, bis er sich verdoppelt hat.

6 Wenn Sie den Teig einfrieren wollen (geht prima), machen Sie das jetzt: Die Luft herauspressen, den Teig in Klarsichtfolie wickeln und in einen Plastikbeutel packen. Er hält sich zwei Monate im Gefrierer. Wenn Ihre Kruste brotartig werden soll, rollen Sie Ihren Pizzateig sofort aus. Sollten Sie aber eine dünnere Kruste bevorzugen, lassen Sie die Hefe noch ein wenig arbeiten.
Also noch mal ungefähr eine Stunde gehen lassen, bevor Sie den Teig für Ihre Pizza ausrollen.

THE MODERN CLASSIC – PIZZA MARGHERITA Die klassische Pizza – Pizza Margherita

2 Pizzen

ZUTATEN

Pizzateig (siehe Rezept S. 72)
Tomatensauce (siehe unten)
2 große Handvoll Parmesankäse, geraspelt
2 große Mozzarellakäse, in Scheiben geschnitten
1 Handvoll frisches Basilikum

TOMATENSAUCE

2 EL Olivenöl
2 Knoblauchzehen, zerdrückt
800 ml geschälte, italienische Eiertomaten aus der Dose, ohne Saft
Salz
Zucker

1 Ofen auf 220 °C vorheizen. In einem heißen Ofen wird der Boden knuspriger und der Belag zerläuft zu einer goldenen Käseschicht. Ich habe ein gusseisernes rundes Backblech speziell für Pizza, das ich im Ofen vorwärme. Diese superheiße Backoberfläche erzeugt wunderbare, knusprige Böden. Aber wenn Sie so ein Wunderding nicht haben, keine Sorge, jedes Blech funktioniert.

2 Alle Zutaten für die Pizzen, inklusive Tomatensauce, vorbereiten.

3 Lassen Sie dem Teig eine Stunde Zeit zu gehen. Teilen Sie ihn dann in zwei Stücke und rollen Sie beide so dick aus, wie es Ihnen gefällt. Denken Sie dran, dass der Teig noch etwas aufgehen wird.

4 Nudelholz beiseite, Teig aufs Blech und los geht's! Ein bisschen Olivenöl direkt auf den Teig pinseln und mit etwas Parmesankäse bestreuen.

5 Tomatensauce auf dem Käse verstreichen. Jetzt kommt das Design. Ich spiele mit den Farben und Formen und lege Muster auf die Pizza. Nehmen Sie den Mozzarella und verteilen Sie die Scheiben gleichmäßig auf der Tomatensauce, gefolgt von den Basilikumblättern.

6 Zum Schluss kommt der Rest vom Parmesankäse obendrauf. Ein wenig Olivenöl darübersprenkeln, und ab in den Ofen für etwa 17 Minuten. Bevor Sie die Pizza aus dem Ofen nehmen, vergewissern Sie sich, dass die Farbe stimmt. Ein paar Minuten abkühlen lassen, bevor Sie die Pizza in Angriff nehmen.

Die einfachste, aber auch die beste Pizza. Sie können diese Pizza mit den verschiedensten Zutaten variieren, seien Sie mutig!

EINFACHE TOMATENSAUCE

Olivenöl in einem schweren Topf über mittlerer Flamme aufsetzen. Sobald es ein wenig warm ist, den zerdrückten Knoblauch mit ein wenig Salz dazugeben. Ein paar Minuten dünsten, dann die Tomaten hinzufügen (vorher leicht mit der Hand zerquetschen). Mit Salz und Zucker abschmecken. Sauce ein wenig vor sich hinköcheln lassen. Sobald sie dicklich wird, ist sie einsatzbereit.

CHALLAH

Hefezopf

Challah (wird hallah ausgesprochen) ist das jüdische Sabbatbrot, das jeden Freitag gebacken wird, um es dann am Abend zur Sabbatfeier zu verspeisen. In New York essen alle Challah, einfach weil es so köstlich und vielseitig ist: Sie können es zu French Toast (Seite 26) verarbeiten oder ein Grilled Cheese Sandwich daraus machen. Wenn ich Challah für meine Freunde backe, schwelgen wir alle im siebten Challahhimmel.

1 großer oder 2 kleine Laibe

TROCKENE ZUTATEN
1,25 kg Mehl
1 TL Salz
100 g Zucker
40 g Rosinen, nach Belieben

FLÜSSIGE ZUTATEN
2 Eier
125 ml Pflanzenöl
550 ml warmes Wasser

WEITERE ZUTATEN
42 g frische Hefe oder
2 Päckchen Trockenhefe
1 Prise Zucker
Schale von 1 Zitrone, gerieben
Schale von 1/2 Orange, gerieben

1 Eigelb
2 EL Wasser
Sesam oder Mohn
zum Bestreuen

1 Hefe mit einer Prise Zucker ins warme Wasser geben und 5 Minuten gehen lassen.

2 In der Zwischenzeit die trockenen Zutaten in einer großen Rührschüssel mischen, samt Rosinen, wenn Sie die verwenden möchten.

3 Eier mit dem Öl verschlagen und die abgeriebene Schale von Zitrone und Orange hinzufügen.

4 Erst die Hefemischung in die trockenen Zutaten rühren, dann das Eier-Öl-Gemisch folgen lassen. Handmixer mit Knethaken einsetzen und durchrühren. Wenn alles gut vermischt ist, kommt der Teig auf die Arbeitsfläche. Kneten, bis er weich und geschmeidig ist, sich aber relativ trocken anfühlt. Braucht etwa 50 Knetbewegungen.

5 Den Teig in eine leicht eingeölte Schüssel legen und mit einem feuchten Tuch bedecken. Gehen lassen, bis er sich verdoppelt hat, ca. 45 Minuten.

6 Ofen auf 180 °C vorheizen.

7 Jetzt kommt der vergnügliche Teil. Zuerst boxen Sie die Luft aus dem Teig.

8 Für einen großen Laib teilen Sie den Teig in drei gleich große Stücke. Jedes Stück wurstförmig ausrollen, bis es ca. 25 cm lang ist. Die Enden aller drei Stücke übereinanderlegen und flechten. Am anderen Ende die drei Enden unter den Laib stecken. Für zwei kleinere Laibe: Den Teig in 6 gleich große Stücke teilen und 2 Laibe flechten.

9 Den Laib oder die Laibe schon jetzt auf ein Backblech setzen und nochmals 30 Minuten gehen lassen. Eigelb und Wasser verschlagen.

10 Nach 30 Minuten mit der Eigelb-Wasser-Mischung einpinseln und mit Sesam oder Mohn besprenkeln.

11 Den großen Laib 50 Minuten, die kleineren Laibe ca. 30 Minuten backen.

CANDY CANE BREAKFAST ROLL

Weihnachtliches Frühstücksgebäck

Ein ganz besonderer Leckerbissen fürs weihnachtliche Frühstück, auf den sich meine Familie und Freunde das ganze Jahr lang freuen. Ich nehme Challahteig und fülle ihn mit einer unwiderstehlich fruchtigen Mischung. Bei uns gibt es ihn immer in der Weihnachtszeit, aber eigentlich könnten Sie ihn jederzeit backen und Ihre ganz eigene Tradition begründen.

Ca. 15–16 Portionen

ZUTATEN

Teig wie für Challah (Seite 76)

110 g gehackte Walnüsse oder Pekannüsse
100 g Zucker
1 geschälter und geriebener oder ganz dünn geschnittener Apfel
1 TL Zimt
50 g Rosinen
75 g getrocknete Aprikosen
1 EL Sirup (Grafschafter Goldsaft)

GLASUR

2 EL Milch
70 g Puderzucker

1 Den Teig wie für Challah (inklusive Schritt 7) zubereiten.

2 Alle Zutaten für die Füllung in eine Schüssel geben und gut vermischen.

3 Den Teig zu einem Rechteck von etwa 30 cm x 40 cm ausrollen. Die Füllung auf dem Teig verteilen und leicht hineindrücken.

4 Den Teig wie einen Teppich aufrollen und mit dem Saum nach unten hinlegen.

5 Zu einem »Spazierstock« formen und auf ein mit Backpapier ausgelegtes Backblech legen. Zum Schluss die Enden schließen.

6 Den Teig mit einem Messer alle 3 cm einkerben und leicht nach außen biegen, sodass die Füllung zu sehen ist.

7 Ungefähr 45 Minuten gehen lassen, in der Zwischenzeit den Ofen auf 180 °C vorheizen.

8 45 Minuten backen, bis er goldbraun ist.

9 Milch und Puderzucker verrühren und über den warmen »Spazierstock« träufeln.
So süß kann das Leben sein!

QUICK & TEA BREADS

Einfaches Brot ohne Hefe

Die schnelle Nummer! Wir nennen sie Quick Breads (oder auch Tea Breads), weil sie genau das sind: einfach und schnell in der Zubereitung. Statt Hefe wird Natron oder Backpulver als Triebmittel eingesetzt, und damit geht es ruck, zuck! Jederzeit genießbar und ein prima Mitbringsel. Getoastet zu einer Tasse Tee, 10 Minuten Pause und Sie fühlen sich wie neugeboren!

CORNBREAD AND SEVERAL VARIATIONS Variationen vom Polenta-(Maismehl-)Brot

12 Muffins oder eine quadratische Backform (23 cm x 23 cm) oder eine andere Form entsprechender Größe

TROCKENE ZUTATEN
140 g Mehl
160 g Polenta
2 1/2 TL Backpulver
1/4 TL Salz
65 g Zucker

FLÜSSIGE ZUTATEN
90 g zerlassene Butter
250 ml Buttermilch
1 Ei

1 Ofen auf 200 °C vorheizen und die Backform oder Muffinform einbuttern.

2 Die trockenen und flüssigen Zutaten abmessen.

3 Die flüssigen unter die trockenen Zutaten rühren, bis sie gerade so vermischt sind.

4 Den Teig auf die Muffinmulden verteilen oder in die Backform geben und ca. 16 Minuten backen. Garprobe machen.

EIN PAAR WUNDERBARE VARIANTEN:
VARIANTE 1 100 g getrocknete Aprikosen dazugeben.

VARIANTE 2 100 g grob geriebenen Cheddar-Käse, eine fein geschnittene rote Chilischote und eine in Scheiben geschnittene Frühlingszwiebel untermischen.

VARIANTE 3 125 g frische oder aufgetaute Maiskörner und 100 g grob geraffelten Cheddar-Käse hinzufügen.

ZUCCHINI WALNUT BREAD

Zucchini-Walnuss-Brot

1 Brot

TROCKENE ZUTATEN
200 g Mehl
1 TL Zimt, 1/2 TL Salz
1 TL Backpulver
1/2 TL Natron, 1/4 TL Muskat
1/4 TL gemahlene Nelken

FLÜSSIGE ZUTATEN
2 Eier, geschlagen
150 g Zucker
125 ml Pflanzenöl

WEITERE ZUTATEN
2 mittelgroße geraspelte Zucchini, ungeschält
60 g gehackte Walnüsse
nach Belieben 150 g Zartbitterschokolade, gehackt
Wer mag, kann außerdem noch 60 g goldene Rosinen oder Datteln hinzufügen.

1 Ofen auf 190 °C vorheizen. Eine Kastenform (25 cm x 11 cm x 7,5 cm) einbuttern.

2 Die trockenen Zutaten abmessen und in eine große Rührschüssel geben.

3 In einer anderen Schüssel den Zucker mit dem Öl verschlagen, dann die Eier untermischen.

4 Die flüssigen Zutaten leicht unter die trockenen Zutaten rühren, dann Zucchini und Walnüsse hinzufügen und unterheben. Eventuell Schokolade und Rosinen oder Datteln untermischen.

5 Den Teig in die Backform füllen und 55 Minuten backen. Garprobe machen. 10 Minuten abkühlen lassen, bevor Sie das Brot aus der Form nehmen.

PUMPKIN SPICE BREAD

Würziges Kürbisbrot

1 Brot

TROCKENE ZUTATEN
350 g Mehl
130 g Zucker
1 1/2 TL Backpulver
1/4 TL Natron , 1/2 TL Salz
1/2 TL Zimt
1/2 TL gemahlener Ingwer
1 großzügige Prise Nelken
1 großzügige Prise Muskat

FLÜSSIGE ZUTATEN
125 g Butter, zerlassen
175 ml Milch
2 Eier
1 TL Sirup (Grafschafter Goldsaft)
1/2 TL Vanillezucker (kein Vanillin)

WEITERE ZUTATEN
250 ml Kürbismus aus der Dose
60 g Walnüsse, 60 g Datteln

1 Ofen auf 190 °C vorheizen. Eine Kastenform (25 cm x 11 cm x 7,5 cm) einbuttern.

2 Die trockenen Zutaten abmessen und in eine große Rührschüssel geben.

3 Die zerlassene Butter in eine Rührschüssel gießen. Milch, Eier, Sirup, Vanillezucker und Kürbispüree mit einem Schneebesen hineinrühren. Die trockenen Zutaten dazugeben, leicht mischen und dann die Walnüsse und Datteln unterheben.

4 Den Teig in die Backform füllen und 55 Minuten backen. Garprobe machen. 10 Minuten abkühlen lassen, bevor Sie das Brot aus der Form nehmen.

CRANBERRY GINGER BREAD

Preiselbeer-Ingwer-Brot

1 Brot

TROCKENE ZUTATEN

250 g Mehl
200 g Zucker
1 EL Backpulver
3/4 TL Salz
1/2 TL Zimt
1 TL gemahlener Ingwer

FLÜSSIGE ZUTATEN

1 Ei
175 ml Milch
60 g Butter, zerlassen

WEITERE ZUTATEN

1 EL frisch geriebener Ingwer
1 EL abgeriebene Schale einer Orange
140 g frische Preiselbeeren
Wenn Sie mögen, fügen Sie 100 g Pekannüsse hinzu.

1 Ofen auf 190 °C vorheizen. Eine Kastenform (25 cm x 11 cm x 7,5 cm) einbuttern.

2 Die trockenen Zutaten abmessen und in eine große Rührschüssel geben.

3 Alle flüssigen Zutaten samt Ingwer und Orangenschale mischen.

4 Die flüssigen zu den trockenen Zutaten hinzufügen, nur leicht vermischen. Dann kommen die Preiselbeeren und, wenn Sie möchten, auch die Nüsse dazu. Unterheben.

5 Den Teig in die Backform füllen und 55 Minuten backen. Garprobe machen. 10 Minuten abkühlen lassen, bevor Sie das Brot aus der Form nehmen.

GINGER PEAR BREAD

Ingwer-Birnen-Brot

1 Brot

TROCKENE ZUTATEN

260 g Mehl
125 g Zucker
1 TL Natron
1/2 TL Salz
2 TL gemahlener Ingwer
1 TL Zimt
1 großzügige Prise Muskat
1 großzügige Prise Nelken

FLÜSSIGE ZUTATEN

250 g Joghurt
150 ml Pflanzenöl
1 TL Sirup (Grafschafter Goldsaft)
1 Ei

WEITERE ZUTATEN

1 große Birne, geschält und in kleine Würfel geschnitten
75 g Rosinen, 75 g Walnüsse, gehackt

1 Ofen auf 190 °C vorheizen. Eine Kastenform (25 cm x 11 cm x 7,5 cm) einbuttern.

2 Die trockenen Zutaten abmessen und in eine große Rührschüssel geben.

3 Alle flüssigen Zutaten vermischen.

4 Die flüssigen zu den trockenen Zutaten hinzufügen, nur leicht vermischen und dann vorsichtig die Birnenstückchen, Rosinen und Walnüsse unterheben.

5 Den Teig in die Backform füllen und 55 Minuten backen. Garprobe machen. 10 Minuten abkühlen lassen, bevor Sie das Brot aus der Form nehmen.

CHERRY ALMOND BREAD

Mandel-Kirsch-Brot

1 Brot

TROCKENE ZUTATEN
300 g Mehl
120 g Haferflocken
1 TL Natron
2 TL Backpulver, 1/2 TL Salz

FLÜSSIGE ZUTATEN
60 g weiche Butter
150 g Zucker
2 Eier
250 ml Buttermilch

WEITERE ZUTATEN
250 g entsteinte Kirschen, frisch, gefroren oder aus der Dose, abgetropft
100 g geröstete und enthäutete Mandeln, gehackt
100 g Zartbitterschokolade, grob gehackt
3 EL Mandelblättchen zur Deko

1 Den Ofen auf 190 °C vorheizen. Eine Kastenform (30 cm x 11 cm x 7,5 cm) einfetten.

2 Die trockenen Zutaten abmessen und in eine große Rührschüssel geben.

3 Mit einem Handmixer in einer großen Schüssel die Butter mit dem Zucker schaumig rühren. Die Eier hinzufügen und ein paar Minuten weiterschlagen, dann kommt die Buttermilch dazu.

4 Mit dem Holzlöffel oder dem Spachtel die trockenen Zutaten zur Ei-Mischung geben, nur leicht verrühren. Dann behutsam die Kirschen (gut abtropfen lassen), gerösteten Mandeln und die gehackte Schokolade unterheben.

5 Den Teig in die Backform füllen, die Mandelblättchen darauf verteilen und für 55 Minuten ab in den Ofen. Garprobe machen. 10 Minuten in der Form abkühlen lassen, bevor Sie das Brot aus der Form nehmen.

GINGERBREAD

Ingwerbrot

1 Brot

TROCKENE ZUTATEN

210 g Mehl
1 TL Zimt
1 TL gemahlener Ingwer
1/4 TL gemahlene Nelken
1 Prise Salz

FLÜSSIGE ZUTATEN

60 g weiche Butter
100 g Zucker
1 Ei
1/2 TL Natron
125 ml Sirup (Grafschafter Goldsaft)

WEITERE ZUTATEN

175 ml Wasser
1/4 TL Natron
Puderzucker zum Bestäuben

1 Ofen auf 180 °C vorheizen. Eine quadratische Backform (23 cm x 23 cm) ausbuttern.

2 Die trockenen Zutaten abmessen und vermischen.

3 Butter und Zucker cremig rühren, ein Ei hinzufügen. Einen halben TL Natron im Sirup verrühren und dann in die Zucker-Ei-Mischung geben.

4 Das Wasser zum Kochen bringen und 1/4 TL Natron hineingeben.

5 Langsam abwechselnd die trockenen Zutaten und das kochende Wasser in die Zucker-Butter-Sirup-Mischung rühren, bis alles gut vermischt ist.

6 Den Teig in die vorbereitete Backform füllen und ca. 25 Minuten backen. Garprobe machen.

7 Wenn das Brot abgekühlt ist, mit Puderzucker bestäuben und die Stücke Ihrem Appetit entsprechend schneiden. Ruhig mit 250 g geschlagener Sahne servieren, wenn Ihnen danach ist.

COOKIES

Das perfekte Geschenk

Wenn Sie jemandem wirklich eine Freude machen wollen, backen Sie ihm Cookies. Sie sind so etwas wie Friedenspfeife, Pflaster und Aphrodisiakum in einem.

CHOCOLATE CHIP COOKIES

Schokoladenplätzchen? Cookies sind Cookies!

Der Chocolate Chip Cookie ist der Cookie überhaupt: Er dient als Basis für so viele andere Cookies. Kein anderes Gebäck hat in meinem Leben eine solche Rolle gespielt. Als ich drei war, hat mir meine Mutter gezeigt, wie man sie macht. An einem frischgebackenen, warmen Schoko Chip Cookie kommt keiner vorbei!

Ca. 30 Cookies à 7 cm Durchmesser

ZUTATEN
360 g Mehl
1 TL Natron
1 TL Salz
250 g weiche Butter
260 g Zucker
1 EL Sirup (Grafschafter Goldsaft)
1 TL Vanillezucker (kein Vanillin)
2 Eier
300 g Zartbitterschokolade, grob gehackt

1 Ofen auf 190 °C vorheizen.

2 Mehl, Natron und Salz abmessen und vermischen. Beiseitestellen.

3 Die weiche Butter, den Zucker und den Sirup mit der Küchenmaschine oder dem Handmixer leicht und *fluffy* schlagen, etwa 3 Minuten. Vanillezucker und Eier unterrühren und noch mal 3 Minuten schlagen, bis die Mischung noch leichter und fluffiger ist.

4 Die Mehlmischung hinzufügen und mit einem kräftigen Holzlöffel hineinrühren, doch übertreiben Sie es nicht mit dem Rühren.

5 Die gehackte Schokolade vorsichtig unterheben.

6 Die Cookies formt man, indem man dicke Riesentropfen Teig von einem Löffel auf das Backblech setzt. Sie entscheiden, wie groß die Cookies werden. Machen Sie sich um die Form der Cookies keine Sorgen, die Teighäufchen werden beim Backen auseinanderlaufen und perfekte Kreise bilden.

7 Je nach Größe 10–13 Minuten backen. Auf dem Backblech abkühlen lassen, bevor Sie sie auf ein Gitter setzen.

EIN PAAR WUNDERBARE VARIANTEN

VARIANTE 1 Zusätzlich zur Zartbitterschokolade können Sie hinzufügen: 60 g gehackte Walnüsse, Pekannüsse oder Haselnüsse. Sogar Rosinen, wenn Sie mögen.

VARIANTE 2 Statt Zartbitterschokolade probieren Sie doch mal: jeweils 100 g Vollmilchschokolade, weiße Schokolade und dunkle Schokolade oder 300 g M&Ms oder 300 g Vollmilchschokolade.

DOUBLE CHOCOLATE CHIP COOKIES Cookies mit zweierlei Schokolade

ZUTATEN 300 g Mehl • 100 g Kakao • 1 TL Natron • 1 TL Salz
250 g weiche Butter • 260 g Zucker • 1 EL Sirup (Grafschafter Goldsaft)
1 TL Vanillezucker (kein Vanillin) • 2 Eier • 150 g Zartbitterschokolade, grob gehackt • 150 g weiße Schokolade, grob gehackt

1 Ofen auf 190 °C vorheizen. Mehl, Kakao, Natron und Salz abmessen und vermischen. Beiseitestellen.

2 Die weiche Butter, den Zucker und den Sirup mit der Küchenmaschine/Handmixer leicht und *fluffy* schlagen, etwa 3 Minuten. Vanillezucker und Eier unterrühren und noch mal 3 Minuten schlagen.

3 Die Mehlmischung hinzufügen und mit einem stabilen Holzlöffel hineinrühren.

4 Die gehackte Schokolade hinzufügen und unterheben.

5 Riesentropfen Teig mit einem Löffel auf das Backblech setzen (ca. 30 Cookies à 7 cm Durchmesser).

6 Je nach Größe 10–13 Minuten backen, abkühlen lassen und dann auf ein Gitter setzen.

OATMEAL WALNUT AND RAISIN COOKIES Cookies mit Haferflocken, Walnüssen und Rosinen

ZUTATEN 280 g Mehl • 1 TL Salz • 1 TL Natron • 250 g weiche Butter • 260 g Zucker • 2 EL Sirup (Grafschafter Goldsaft) • 1 TL Vanillezucker (kein Vanillin) • 2 Eier • 100 g zarte Haferflocken
150 g Vollkornhaferflocken • 150 g Rosinen • 60 g Walnüsse

1 Ofen auf 190 °C vorheizen. Mehl, Salz und Natron abmessen und mischen. Beiseitestellen.

2 Die weiche Butter, den Zucker und Sirup mit der KitchenAid oder dem Handmixer leicht und *fluffy* schlagen, etwa 3 Minuten. Vanillezucker und Eier hinzufügen und noch einmal 3 Minuten schlagen.

3 Die Mehlmischung mit einem kräftigen Holzlöffel behutsam unterrühren. Die Haferflocken, Rosinen und Walnüsse sanft mit dem Holzlöffel unterheben.

4 Riesentropfen Teig mit einem Löffel auf das Backblech setzen (ca. 30 Cookies à 7 cm Durchmesser).

5 Je nach Größe 10–13 Minuten backen, abkühlen lassen und dann auf ein Gitter setzen.

PEANUTBUTTER COOKIES

Cookies mit Erdnussbutter

ZUTATEN 360 g Mehl • 1 TL Natron • 1 TL Salz • 250 g weiche Butter • 260 g Zucker • 1 EL Sirup (Grafschafter Goldsaft) • 1 TL Vanillezucker (kein Vanillin) • 2 Eier • 350 g glattes Erdnussmus (1 Glas)

1 Ofen auf 190 °C vorheizen. Mehl, Natron und Salz abmessen und vermischen. Beiseitestellen.

2 Die weiche Butter, den Zucker und den Sirup in der Küchenmaschine oder mit dem Handmixer leicht und *fluffy* schlagen, etwa 3 Min. Vanillezucker, Eier und Erdnussmus unterrühren und noch mal 2 Min. schlagen.

3 Die Mehlmischung hinzufügen und mit einem kräftigen Holzlöffel unterrühren.

4 Riesentropfen Teig mit einem Löffel auf das Backblech setzen (ca. 30 Cookies à 7 cm Durchmesser). Mit der Rückseite einer Gabel ein Muster über Kreuz eindrücken.

6 Je nach Größe 10–13 Minuten backen, abkühlen lassen und dann auf ein Gitter setzen.

SAND TARTS

Mürbeteigplätzchen

ZUTATEN 560 g Mehl • 1/2 TL Salz • 250 g weiche Butter 200 g Zucker • 2 Eier

1 Mehl und Salz vermischen. Beiseitestellen.

2 Mit einer Küchenmaschine oder dem Mixer die weiche Butter, Zucker und Eier 3 Minuten schlagen, bis die Mischung leicht und *fluffy* ist. Die Mehlmischung dazugeben vermengen.

3 Eine abgeflachte Kugel aus dem Plätzchenteig formen, in einen Plastikbeutel legen und in den Kühlschrank stellen. Um den Teig gut ausrollen zu können, muss er richtig kalt sein.

4 Nach ungefähr einer Stunde rollen Sie den Teig etwa 5 mm dick aus und stechen ihn mit Plätzchenausstechern aus. Auf dem Backblech verteilen. Ofen auf 190 °C vorheizen.

5 Je nach Größe 10–13 Minuten backen, abkühlen lassen und dann auf ein Gitter setzen.

DREAM BARS

Schnitten zum Verlieben

BAR COOKIES *Bar Cookies haben keine freie Form wie all die anderen Cookies, die wir machen. Stattdessen werden sie in einer Backform gebacken und hinterher geschnitten.*

18 Schnitten

BODEN
250 g weiche Butter
190 g Zucker
2 Eigelb
280 g Mehl
1/2 TL Natron
1/2 TL Salz

TOPPING
360 g Zartbitterschokolade, gehackt
3 Eiweiß
210 g Zucker
1 TL Sirup (Grafschafter Goldsaft)

1 Den Ofen auf 185 °C vorheizen. Eine rechteckige Backform (32 cm x 24 cm) einbuttern.

2 Die Butter der Reihenfolge nach mit allen anderen Zutaten für den Boden mischen. Ein Handmixer leistet hier gute Dienste. Den Teig gleichmäßig in der gebutterten Form verteilen und fest andrücken.

3 Die Schokostücke gleichmäßig auf dem Boden verteilen.

4 Die Eiweiße schlagen (bitte aufpassen, dass sich kein Eigelb oder etwa Fett unters Eiweiß mischt, sonst wird es nicht fest). Während das Eiweiß langsam steif wird, den Zucker hineinrieseln lassen, dabei immer weiter schlagen. Wenn der ganze Zucker verarbeitet ist, das Schlagen unterbrechen, den Sirup ins steife Eiweiß geben und noch einmal kräftig durchmischen.

5 Die Eiweißmischung über der Schokolade verstreichen. Wenn Sie mögen, können Sie dabei mit dem Spachtel kleine Spitzen wie Wellenkämme machen, das sieht nach dem Backen sehr eindrucksvoll aus!

6 30 Minuten backen und gut abkühlen lassen, damit die Schokolade wieder fest werden kann. Dann in etwa 8 cm lange Schnittchen schneiden.
Schmeckt einfach himmlisch!

Das ist die klassische Variante. Wenn Sie sich sicher fühlen, können Sie die Dream Bars auch einmal in einer runden Form versuchen (siehe Abbildung rechts).

FIG BARS

Feigenschnittchen

12 Schnittchen

TEIG

125 g weiche Butter
65 g Zucker
1 Ei
1/4 TL Vanillezucker
210 g Mehl
1/4 TL Backpulver
1/4 TL Muskat
1 Prise Salz

FÜLLUNG

250 g getrocknete Feigen
30 g Mandeln
60 ml Aprikosenkonfitüre
1 TL Zitronensaft
1/2 TL abgeriebene Zitronenschale
1/4 TL Zimt

1 Ofen auf 190 °C vorheizen. Ein Backblech mit Backpapier auslegen.

2 Für den Teig alle Zutaten mit dem Handmixer vermischen. Teig zu einer Scheibe formen, in einen Plastikbeutel stecken oder in Klarsichtfolie hüllen und in den Kühlschrank legen. Wenn der Teig nicht richtig kühl ist, lässt er sich schlecht ausrollen.

3 Die Zutaten für die Füllung in der Küchenmaschine fein hacken.

4 Den Teig aus dem Kühlschrank nehmen, halbieren und die eine Hälfte zurück in den Kühlschrank legen. Arbeitsfläche und Nudelholz mit Mehl bestäuben und den Teig auf eine Dicke unter 5 mm ausrollen. Auf gar keinen Fall dürfen Löcher drin sein. Er sollte etwa 40 cm lang und ungefähr 18–20 cm breit werden. Die Füllung längs auf der Mitte des Teiges bis fast an den oberen und unteren Rand verteilen. Die linke und die rechte Seite des Teiges so über die Füllung falten, dass man die Teigränder mit den Fingern zusammenpressen und schließen kann. Behutsam mit dem Saum nach unten auf ein Backblech legen. Mit der zweiten Hälfte des Teiges ebenso verfahren.

5 20 Minuten backen, bis sie goldbraun sind, aus dem Ofen holen und 5 Minuten ruhen lassen, bevor Sie sie auf ein Schneidebrett heben. In etwa 8 cm breite Scheiben schneiden.

LEMON BARS

Zitronenschnitten

12 Schnittchen

ZUTATEN
230 g Mehl
75 g Puderzucker
200 g weiche Butter
320 g Zucker
3/4 TL Salz
3/4 TL Backpulver
2 EL abgeriebene Zitronenschale
3 EL Zitronensaft
3 Eier
Puderzucker zum Bestäuben

1 Ofen auf 180 °C vorheizen. Eine rechteckige Back-form (32 cm x 24 cm) einbuttern.

2 Mehl, Puderzucker und Butter mit den Fingern (oder dem Handmixer) miteinander verarbeiten, bis es sich wie ein loser Mürbeteig anfühlt. Boden in die Backform pressen. 12–14 Minuten backen, bis er goldbraun ist.

3 In der Zwischenzeit mit dem Handmixer Zucker, Salz, Backpulver, Zitronenschale und -saft und Eier 3 Minuten lang miteinander ver-schlagen. Wenn der Boden aus der Röhre kommt, gießen Sie dieses Gemisch darüber und schieben das Ganze noch mal 20 Minuten in den Ofen. Es wird noch ein wenig wackelig sein, wenn es aus dem Ofen kommt. Abkühlen lassen, ehe Sie es mit Puderzucker bestäuben. In ca. 12 etwa 8 cm breite Stückchen schneiden.

HAZELNUT DATE BARS

Haselnuss-Dattel-Schnitten

12 Schnittchen

BODEN

140 g Mehl
200 g Zucker
125 g Butter, kalt
100 g Vollkornhaferflocken
1/2 TL Salz
1/2 TL Backpulver

FÜLLUNG

250 g Datteln, entsteint und gehackt
100 g Zucker
60 ml Wasser
abgeriebene Schale von 1 Orange
70 g gemahlene Haselnüsse

1 Ofen auf 200 °C vorheizen.

2 Die Zutaten für den Boden in der KitchenAid oder mit einem Handmixer zusammenmischen, bis eine bröselige Masse entsteht. Etwas mehr als die Hälfte als Boden fest in eine quadratische Form (23 cm) hineindrücken.

3 Zutaten für die Füllung zusammen aufkochen.

4 Die Nüsse zur Füllung geben, auf dem Boden verstreichen und die restliche Boden-Mischung gleichmäßig darüber verteilen.

5 Ca. 25 Minuten backen, bis es golden ist. In ca. 12 etwa 8 cm lange Stückchen schneiden.

BROWNIES

Was wären Amerikaner ohne Brownies?

Ein Brownie sollte intensiv schokoladig und ruhig ein bisschen *gooey* sein (also weich). Aber auf gar keinen Fall darf er trocken, roh oder halbgebacken daherkommen!

CYN'S BROWNIES

Cynthia Barcomi's klassische Brownies

12 Brownies

ZUTATEN

200 g Zartbitterschokolade, zerbröckelt
75 g Butter
150 g Zucker
2 EL löslicher Kaffee
2 EL Espresso oder Kaffee
2 Eier, leicht verschlagen
200 g Zartbitterschokolade, grob gehackt
105 g Mehl
1/4 TL Salz
1/4 TL Natron

Dieses Rezept ist ein Klassiker ...

1 Ofen auf 190 °C vorheizen. Eine quadratische Backform (23 cm x 23 cm) einfetten und beiseitestellen.

2 Die zerbröckelte Schokolade mit der Butter, dem Zucker und Kaffee entweder in einem Topf auf dem Herd oder für 2–3 Minuten in der Mikrowelle zum Schmelzen bringen (Achtung, Schokolade brennt leicht an!). Abkühlen lassen, ehe Sie die Eier hinzufügen. Achtung: Nie die Eier zugeben, wenn die Mischung noch warm ist, sonst werden die Brownies hart.

3 Jetzt die gehackte Schokolade und die restlichen Zutaten dazugeben und leicht verrühren.

4 Den Teig in die vorbereitete Backform füllen und gleichmäßig verteilen. 25 Minuten backen, testen, ob sie durch sind. Abkühlen lassen, bevor Sie die Brownies in 12 Stücke schneiden.

EINE WUNDERBARE VARIANTE

Versuchen Sie es doch mal mit 200 g grob gehackter, weißer Schokolade statt der 200 g grob gehackten Zartbitterschokolade. Sieht nicht nur klasse aus, sondern schmeckt auch so!

MONSTER BROWNIES

Nach dem Erfolg meines ersten Brownies habe ich mir schnell einen zweiten einfallen lassen, nicht ganz so klassisch, dafür verspielter. Und die Vorstellung von Frischkäse mit Walnüssen macht mich wirklich an. Die Herstellung ist ein Kinderspiel, Sie müssen nur daran denken, dass Sie drei Teige zubereiten, die am Ende in Art eines Marmorkuchens vermengt werden. Aber nicht übertreiben: Sie sollen die Teige noch herausschmecken können. Und weil diese Brownies ganz einfach gigantisch sind, habe ich sie Monster Brownies getauft!

18 Brownies

TEIG
460 g Zucker
5 Eier, gut verquirlt
1 EL Sirup (Grafschafter Goldsaft)
350 g Zartbitterschokolade
250 g Butter
210 g Mehl
1 1/2 TL Backpulver
3/4 TL Salz

NUSS-MISCHUNG
80 g Walnüsse, nicht gehackt

FRISCHKÄSE-MISCHUNG
360 g Philadelphia-Frischkäse
90 g weiche Butter
130 g Zucker
3 Eier, leicht verquirlt

TOPPING
180 g Walnüsse, nicht gehackt

1 Ofen auf 180 °C vorheizen. Eine Backform (24 cm x 32 cm) einbuttern.

2 Zucker unter die gut verquirlten Eier schlagen. Den Sirup dazugeben.

3 Schokolade und Butter zusammen zerlassen (am besten geht es in der Mikrowelle). Abkühlen lassen. Diese Mischung unter die Eier-Zucker-Mischung geben und mit dem Schneebesen verrühren.

4 Mehl, Backpulver und Salz hinzufügen und nur so lange sanft rühren, bis alles zusammenkommt. 560 g dieser Mischung beiseitestellen und 80 g Walnüsse dazugeben.

5 Als Nächstes den Frischkäse mit Butter, Zucker und Eiern mit einem Handmixer bei niedriger Stufe gründlich vermischen.

6 Die Nuss-Mischung in der Backform verteilen. Frischkäse-Mischung darauf verstreichen.

7 Die beiseitegestellte Schoko-Mischung in sechs Batzen daraufsetzen. Mit einem dünnen, langen Stab (Essstäbchen, Stricknadel o. Ä.) die Mischungen vorsichtig verquirlen, sodass ein marmorierter Effekt entsteht. Die restlichen Walnüsse auf den Monstern verteilen, 40 Minuten backen. Garprobe machen.

BLONDIES

Das helle Gegenstück zum Brownie

12 Blondies

TROCKENE ZUTATEN

200 g Mehl
1/4 TL Backpulver
1 Prise Natron
1 Prise Salz

FLÜSSIGE ZUTATEN

125 g Butter, zerlassen und heiß
190 g Zucker
1 EL Sirup (Grafschafter Goldsaft)

WEITERE ZUTATEN

1 großes Ei, verschlagen
70 g Walnüsse oder Pekannüsse und/oder 50 g weiße Schokolade, gehackt und/oder 1 Daim-Riegel, sehr grob gehackt

1 Ofen auf 190 °C vorheizen. Eine quadratische Backform (23 cm x 23 cm) ausbuttern.

2 Butter zerlassen und wenn sie richtig heiß ist und schäumt, Zucker und Sirup hinzufügen. Dann die flüssigen Zutaten in einer Rührschüssel abkühlen lassen.

3 Die trockenen Zutaten abmessen und mischen.

4 Wenn die Buttermischung abgekühlt ist, das Ei unterrühren, gefolgt von den trockenen Zutaten, zum Schluss die Nüsse und die Schokolade.

5 25 Minuten backen. Garprobe machen.

CAKES & CUPCAKES

Für jeden Anlass

Die amerikanische Backtradition kennt so viele verschiedene Kuchen, die Liste ist schier endlos. Am besten fangen wir mit ein paar Grundrezepten an: White Cake und Chocolate Cake, also weißer Kuchen und Schokoladenkuchen. Jeder Kuchen kann als zweistöckiger Kuchen oder in Form von Cupcakes gebacken werden. Wenn der Anlass eine Geburtstagparty oder gar eine Hochzeit ist, sind Cupcakes eine wunderbare Alternative und ersparen einem das Schneiden.

WHITE CAKE

Vanillekuchen – einfach, aber elegant

1 Kuchen in 2 Schichten
oder ca. 18 Cupcakes

TROCKENE ZUTATEN
280 g Mehl
120 g Stärke
4 TL Backpulver
300 g Zucker
3/4 TL Salz

FLÜSSIGE ZUTATEN
6 Eigelb (oder 3 ganze Eier), verschlagen
60 ml Milch
1 TL Vanillezucker (kein Vanillin)

WEITERE ZUTATEN
180 g weiche Butter
175 ml Milch

1 Ofen auf 180 °C vorheizen. Zwei runde Kuchenformen (ø 24 cm) oder 2 Muffinformen einbuttern und leicht mit Mehl bestäuben.

2 Alle trockenen Zutaten abmessen und in eine Rührschüssel geben.

3 Weiche Butter in die trockenen Zutaten schneiden, mit den Fingerspitzen hineinreiben oder mit dem Handmixer so einarbeiten, dass die Krümel an kleine Erbsen erinnern.

4 Mit Handmixer oder KitchenAid die Milch einarbeiten und ca. 2 Minuten rühren, bis alles vermischt ist.

5 Beim Rühren in 3 Portionen die Eigelbe (aus dem übrig gebliebenen Eiweiß können Sie das Frosting für den Kuchen machen) oder die ganzen Eier und die Milch hinzufügen, danach jedes Mal 15 Sekunden rühren.

6 Gleichmäßig auf die Back- oder Muffinformen verteilen.

7 Die beiden Kuchen 25 Minuten bzw. die Cupcakes 18 Minuten backen. Immer eine Garprobe mit einem Zahnstocher machen. 10 Minuten abkühlen lassen, bevor Sie die Kuchen aus der Backform holen.

FROSTING
250 g weiche Butter
1 kg Puderzucker, gesiebt
120 ml Milch (oder 120 ml Zitronensaft)

SIMPLE WHITE FROSTING

Einfaches weißes Frosting, ausreichend für einen zwei- oder dreilagigen Kuchen oder 18 Cupcakes

Dieses Frosting braucht man nicht zu kochen, es ist süß, einfach zu machen und köstlich. Wenn Sie es ein wenig zitronig mögen, dann geben Sie fein geriebene Zitronenschale und 120 ml Zitronensaft statt der Milch dazu.
Butter in eine große Rührschüssel geben und die Hälfte des Puderzuckers und die Milch (oder den Zitronensaft) dazugeben. Auf höchster Stufe mit Ihrem Handrührgerät mixen, bis die Mischung geschmeidig glatt ist. Mixer weiterlaufen lassen und langsam den Rest des Zuckers dazugeben, bis die richtige Konsistenz zum Verstreichen erreicht ist. Vielleicht brauchen Sie gar nicht den ganzen Zucker. (Lebensmittelfarbe macht Spaß! Tun Sie doch einfach etwas von Ihrer Lieblingsfarbe in diese Mischung.)
Mit einer Palette oder einem Messer auf den Kuchen auftragen, nachdem Sie bei dem unteren Kuchen die Wölbung, die beim Backen entstanden ist, mit einem Brotmesser abgeschnitten haben.

CHOCOLATE FUDGE CAKE

Dunkler Schokoladenkuchen

Stop! Wenn Sie je vom ultimativen Schokoladenkuchen geträumt haben, dann sind Sie jetzt am Ziel Ihrer Wünsche: Das ist er! Der Kuchen hat eine wunderbare Konsistenz und einen ganz intensiven Schokoladengeschmack ohne übermäßig süßlich zu sein. Köstlich ganz leicht mit Puderzucker bestäubt oder mit dem herrlichen Schoko-Frosting, dem keiner widerstehen kann!

1 Kuchen in 2 Schichten
oder ca. 18 Cupcakes

TROCKENE ZUTATEN
280 g Mehl
120 g Stärke
400 g Zucker
2 1/4 TL Backpulver
3/4 TL Natron
3/4 TL Salz

FLÜSSIGE ZUTATEN
355 ml Wasser
125 g Kakao
1 TL Sirup (Grafschafter Goldsaft)
3 große Eier

WEITERE ZUTATEN
250 g weiche Butter

1 Ofen auf 180 °C vorheizen. Zwei runde Kuchenformen (ø 24 cm) oder 2 Muffinformen einbuttern und leicht mit Mehl bestäuben.

2 Das Wasser zum Kochen bringen und Kakao und Sirup darin auflösen. Abkühlen lassen.

3 Trockene Zutaten in einer Rührschüssel mischen.

4 Weiche Butter in Stückchen in die Mehlmischung schneiden. Mit den Fingerspitzen oder mit Messer und Gabel ins Mehl einarbeiten, bis die Krümel an kleine Erbsen erinnern.

5 Entweder Handmixer oder KitchenAid einsetzen und den abgekühlten Kakao (bis auf 60 ml) untermischen und etwa 2 Minuten rühren.

6 Die Eier mit den restlichen 60 ml Kakao verschlagen und während des Rührens in 3 Portionen einarbeiten, danach jeweils 15 Sekunden rühren.

7 Gleichmäßig auf die Backformen verteilen.

8 Zwei Kuchen müssen 25 Minuten backen, die Cupcakes 18 Minuten. Garprobe mit dem Zahnstocher nicht vergessen. 10 Minuten abkühlen lassen, bevor Sie die Kuchen aus der Form nehmen.

FROSTING
250 g weiche Butter
1 TL Milch, plus ein paar zusätzliche Tropfen, wenn nötig
180 g Zartbitterschokolade, geschmolzen und abgekühlt
180 g Puderzucker

CHOCOLATE FROSTING für den Fudge Cake

Probieren Sie es ruhig auch einmal mit ein paar Teelöffeln Instant-Espresso für ein Mokka-Frosting – ganz wunderbar zu Schokoladenkuchen!

Butter in einer Rührschüssel schlagen, bis sie cremig ist. Weiterschlagen und dabei die Milch, die geschmolzene, abgekühlte Schokolade und den Puderzucker hinzufügen, bis Ihnen die Konsistenz zusagt. Sofort verwenden. Mit einer Palette oder notfalls mit einem Messer auf den Kuchen auftragen.

COCOA ESPRESSO LOAF

Kakao-Espresso-Kuchen

Ein sehr vielseitiger Kuchen mit überraschenden Möglichkeiten: Servieren Sie ihn Freunden bei einer Teeparty als bestes Teasandwich der Welt mit Frischkäse. Oder zum Kaffee mit einem Frosting aus weißer Schokolade und Frischkäse. Egal, wie Sie ihn auftischen, für diesen Kuchen werden Sie garantiert die tollsten Komplimente bekommen.

TROCKENE ZUTATEN

280 g Mehl
1/2 TL Salz
1/2 TL Backpulver
2 TL ungesüßtes Kakaopulver
3 TL fein gemahlener Espresso (kein Instantkaffee)

WEITERE ZUTATEN

240 ml kochendes Wasser
1 TL Natron
200 g entkernte Datteln, gehackt (bestäuben Sie sie ein bisschen mit Mehl, dann kleben sie nicht so)
75 g Rosinen
165 g Walnüsse, zerbröckelt

FLÜSSIGE ZUTATEN

2 Eier, leicht verschlagen
80 ml Pflanzenöl
200 g Zucker
1 TL Sirup (Grafschafter Goldsaft)

1 Ofen auf 180 °C vorheizen. Eine Kastenform (30 cm x 11 cm x 7,5 cm) einbuttern und leicht mit Mehl bestäuben.

2 Die trockenen Zutaten abwiegen und mischen. Natron ins kochende Wasser mischen, gefolgt von den Datteln. Abkühlen lassen.

3 Rosinen und Walnüsse in eine Schüssel geben. In einer anderen Schüssel die trockenen Zutaten abmessen.

4 Eier und Öl mit einem Handmixer oder Schneebesen verrühren, dann Zucker und Sirup untermischen.

5 Die Dattelmischung sorgfältig unter die Eiermischung rühren, damit der Zucker nicht auf den Schüsselboden sinkt.

6 Nun die trockenen Zutaten zu dieser Mischung hinzufügen, dann die Walnüsse und Rosinen. Mit einem Holzlöffel oder Spachtel rühren und den Teig in die Kastenform füllen.

7 Etwa 60 Minuten backen. Garprobe machen. Ich habe den Kuchen schon mal 10 Minuten länger backen müssen, aber bitte nicht »überbacken«. 10 Minuten abkühlen lassen, bevor Sie den Kuchen aus der Form nehmen.

8 Wenn er richtig abgekühlt ist, bestreichen Sie ihn entweder mit meinem White Chocolate Cream Cheese Frosting (s. u.), oder Sie schneiden den Kuchen in 2 cm dicke Scheiben und bestreichen sie mit Frischkäse.

FROSTING

250 g weiße Schokolade
340 g Philadelphia-Frischkäse, kühl
125 g weiche Butter
1 TL Zitronensaft

WHITE CHOCOLATE CREAM CHEESE FROSTING

für den Cocoa Espresso Loaf (auch lecker zum White Cake oder zum Fudge Cake)

Weiße Schokolade schmelzen. Den kalten Frischkäse in eine Rührschüssel geben und ein wenig mit dem Handmixer aufmischen. Warme Schokolade in 3 Schwüngen dazugeben, immer gut vermischen, bevor die nächste Portion dazukommt. Langsam die Butter und den Zitronensaft dazugeben, gelegentlich die Seiten der Schüssel abkratzen. Mit einer Palette auf den Kuchen auftragen.

CARROT CAKE

Karottenkuchen

Was kann man zum Carrot Cake sagen? Rübli-Kuchen? Vergessen Sie's! Carrot Cake ist eine Liga für sich. Eine Symphonie aus Geschmack und Konsistenz und definitiv einer der besten amerikanischen Kuchen überhaupt. Hier ist meine New Yorker Version: die, die ich als Teenager in Greenwich Village gegessen habe, wenn es mir gelang, zeitweilig aus dem Internatsgefängnis zu entkommen. Perfekt. Seit ich meinen ersten Laden eröffnet habe, habe ich diesen Kuchen als Geburtstagskuchen, Hochzeitstorte und Cupcake gemacht, und jetzt – endlich – können auch Sie ihn backen!

1 Kuchen
oder ca. 18 Cupcakes

TROCKENE ZUTATEN

280 g Mehl
260 g Zucker
2 TL Natron
1 TL Zimt

FLÜSSIGE ZUTATEN

250 ml Pflanzenöl
3 Eier, leicht verschlagen

WEITERE ZUTATEN

175 ml Ananas aus der Dose, abgetropft und püriert
110 g Walnüsse, zerbröckelt
75 g Kokosraspel
75 g Rosinen
200 g frisch und grob geraffelte Karotten

FROSTING

Alle Zutaten sollten Zimmertemperatur haben.
125 g Butter
200 g Philadelphia-Frischkäse
1 TL abgeriebene Zitronenschale
1 TL Zitronensaft
500 g Puderzucker, gesiebt

1 Ofen auf 190 °C vorheizen. Eine Springform (ø 26 cm) mit Einsatz oder zwei runde Kuchenformen (ø 24 cm) ohne Einsatz bzw. Muffinformen einbuttern und leicht mit Mehl bestäuben.

2 In einer großen Rührschüssel das Öl und die Eier verschlagen, dann die zerstoßene Ananas dazugeben. Mit einem Holzlöffel die trockenen Zutaten daruntermischen, bis alles eben gerade so vermengt ist. Dann Nüsse, Kokos, Rosinen und Karotten dazugeben. Nur ganz locker unterheben, nicht gründlich mischen.

3 Gleichmäßig auf die vorbereiteten Formen verteilen.

4 50 Minuten backen, wenn Sie eine Springform verwenden, 30 Minuten, wenn Sie zwei runde Kuchenformen benutzen, und 20 Minuten, wenn Sie Cupcakes machen. Garprobe nicht vergessen. 10 Minuten abkühlen lassen, bevor Sie den Kuchen aus den Formen nehmen.

5 Das Carrot Cake Frosting auftragen.

CARROT CAKE FROSTING

für 1 Kuchen oder ca. 18 Cupcakes

Das allerbeste Frosting – frisch, cremig und zitronig.

Butter und Frischkäse mit einem elektrischen Mixer glatt rühren. Zitronenschale und -saft hinzufügen, dann langsam den Puderzucker dazugeben. Auf höchster Stufe schlagen, bis das Frosting leicht und *fluffy* ist. Mit einer Palette (oder notfalls mit einem Messer) auf den Kuchen auftragen. Ein Traum!

BANANA CHOCOLATE SWIRL CAKE Verwirbelter Bananen-Schoko-Kuchen

Ein wunderbarer Kuchen, saftig und überaus köstlich. Backen Sie ihn entweder in einer Kastenform oder in zwei runden Kuchenformen (ø 24 cm), selbst eine Gugelhupfform ist okay. Mit dem Sour Cream Ganache Frosting krönen – und Sie sind hin und weg.

1 Kuchen
oder ca. 18 Cupcakes

TROCKENE ZUTATEN
315 g Mehl
225 g Zucker
1 TL Natron
60 g weiche Butter

FLÜSSIGE ZUTATEN
120 g saure Sahne
375 ml zerdrückte Bananen, ohne Stückchen
1 TL Vanillezucker (kein Vanillin)
1 Ei, leicht verschlagen

WEITERE ZUTATEN
120 g geschmolzene Zartbitterschokolade

1 Ofen auf 180 °C vorheizen. Zwei runde Kuchenformen (ø 24 cm) oder eine Kastenform (30 cm x 11 cm x 7,5 cm) einbuttern und leicht mit Mehl bestäuben.

2 Trockene Zutaten mischen und die weiche Butter hineinschneiden. Mit den Fingerspitzen (oder mit Messer und Gabel) ins Mehl einarbeiten, bis die Krümel an kleine Erbsen erinnern.

3 Die gut vermischten flüssigen Zutaten nur leicht mit den trockenen Zutaten vermengen.

4 Die geschmolzene Schokolade mit einer Wirbelbewegung in den Bananenteig mischen, auf gar keinen Fall richtig reinrühren. Wir wollen den Farbkontrast zwischen dem Bananenteig und der Schokolade.

5 Den Teig auf die Backform(en) verteilen und 35 Minuten für die beiden Kuchenformen bzw. 50 Minuten backen, wenn Sie eine Kastenform verwenden. 10 Minuten abkühlen lassen, bevor Sie den Kuchen aus der Form nehmen. Der Kuchen sollte kühl sein, wenn Sie das Sour Cream Ganache Frosting auftragen! Kuchen aus der Backform holen.

FROSTING
340 g Zartbitterschokolade, geschmolzen
400 g saure Sahne, Zimmertemperatur

SOUR CREAM GANACHE FROSTING
für den Banana Chocolate Cake

Die geschmolzene Schokolade in eine Rührschüssel geben. Mit dem Spachtel die saure Sahne untermischen. Fertig! Sofort mit einer Palette (oder notfalls mit einem Messer) auf den Kuchen auftragen.

POUND CAKE AND VARIATIONS

Sandkuchen und Variationen

Pound Cake wird so genannt, weil er früher eben genau daraus bestand, nämlich jeweils aus einem Pfund Eier, Butter, Mehl und Zucker. Heutzutage machen wir den Kuchen ein wenig leichter, aber noch immer ist er buttrig und lecker. Der Kuchen hält sich eine ganze Weile, wenn er kühl und luftdicht aufbewahrt wird. Ein super Geschenk und perfekt für ein Picknick.

TROCKENE ZUTATEN
100 g Mehl
50 g Stärke
150 g Zucker
3/4 TL Backpulver
1/4 TL Salz
150 g weiche Butter

FLÜSSIGE ZUTATEN
45 ml Milch
3 Eier, leicht verschlagen
1 1/2 TL Vanille

1 Ofen auf 190 °C vorheizen. Eine Kastenform (25 cm x 11 cm x 7,5 cm) oder eine Gugelhupfform einbuttern und leicht mit Mehl bestäuben.

2 Die flüssigen Zutaten verrühren. Die trockenen Zutaten abmessen, in eine Rührschüssel geben und gut mischen. Butter fein hineinschneiden und mit einem Handmixer die Hälfte der Eiermischung 1 Minute lang unterrühren. Den Rest der Eiermischung in zwei Portionen hinzufügen, jeweils 15 Sekunden rühren.

3 Teig in die vorbereitete Backform füllen.

4 55 Minuten backen. Garprobe machen. 10 Minuten abkühlen lassen, bevor Sie den Kuchen aus der Form nehmen.

VARIANTEN

LEMON POPPY SEED POUND CAKE – Zitronen-Mohn-Sandkuchen
Zum Teig folgende trockene Zutaten hinzufügen:
1 EL abgeriebene Zitronenschale (von 1 Zitrone) und 30 g Mohn.
Nach dem Backen durchlöchern Sie den Kuchen mit einem Zahnstocher und bepinseln ihn mit diesem Sirup: 75 g Zucker und 65 ml frisch ausgepresster Zitronensaft, entweder in der Mikrowelle oder in einem Topf erhitzt, bis sich der Zucker aufgelöst und in einen Sirup verwandelt hat.

FRUITY POUND CAKE – Fruchtiger Sandkuchen
75 g klein geschnittene getrocknete Aprikosen, getrocknete Preiselbeeren oder getrocknete Kirschen hinzufügen. Ein bisschen abgeriebene Orangenschale passt auch hervorragend dazu. Wollen Sie Luxus pur, dann nehmen Sie 100 g Pekan- oder Macadamianüsse. Aber bitte immer nur eine Sorte Frucht und auch nur eine Sorte Nuss!

COFFEE CAKE

Kaffeekuchen

Der Name täuscht, Kaffee ist keiner drin. Schmeckt köstlich und ist ganz einfach zu machen. Nächstes Mal, wenn Sie sich mit ein paar Freunden zum Tratschen treffen, backen Sie diesen Kuchen – Sie werden schon sehen, was passiert …

TROCKENE ZUTATEN

210 g Mehl
4 TL Backpulver (1 Päckchen)
1/4 TL Salz
65 g Zucker

75 g weiche Butter

FLÜSSIGE ZUTATEN

1 Ei, leicht verschlagen
250 ml Milch

TOPPING

75 g weiche Butter
100 g Zucker
1 TL Zimt
100 g gehackte Pekannüsse oder Walnüsse oder 40 g Mandelblättchen und 50 g Rosinen
1 Prise Salz

1 Ofen auf 190 °C vorheizen. Eine rechteckige Backform (32 cm x 24 cm) oder eine runde Backform (ø 26 cm) einfetten und leicht mit Mehl bestäuben.

2 Alle trockenen Zutaten abmessen, in eine Rührschüssel geben und die weiche Butter stückchenweise hinzufügen. Mit den Fingerspitzen ins Mehl einarbeiten.

3 Milch und Ei hinzufügen und unterheben, sodass die Zutaten gerade so verrührt sind.

4 Den Teig in die vorbereitete Backform geben und das Topping, also den Guss, zubereiten.

COFFE CAKE TOPPING

1 Alle Zutaten in einer Rührschüssel mit den Fingerspitzen oder mit einem Holzlöffel verrühren.

2 Die Mischung klümpchenweise über dem Kuchen verteilen.

3 25 Minuten backen, Garprobe machen. Abkühlen lassen und dann erst servieren.

VARIANTE MIT PREISELBEEREN

Den Kuchen wie oben zubereiten und 1 EL abgeriebene unbehandelte Orangenschale zum Teig geben. Eine Handvoll frische Preiselbeeren über den Kuchen streuen und dann das Topping folgen lassen. Backen, wie oben beschrieben.

VARIANTE MIT APFEL

Den Kuchen wie oben zubereiten und einen in feine Scheiben geschnittenen Apfel auf dem Teig verteilen. Mit Ihrer Lieblingszimtglasur toppen und wie oben backen.

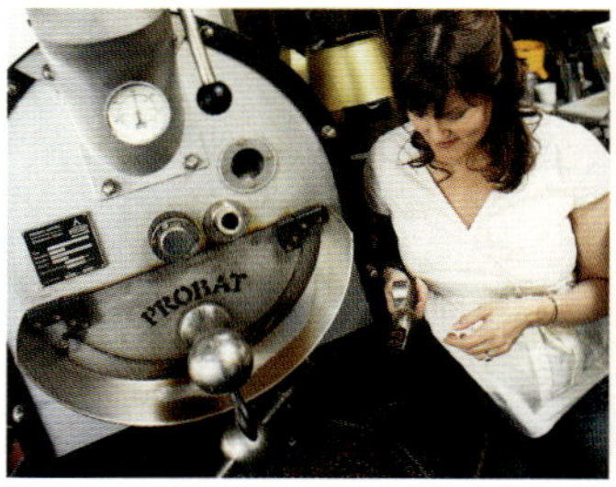

CHOCOLATE MAYONNAISE CAKE

Schoko-Mayo-Kuchen, ein echter Klassiker

1 Kuchen
oder ca. 18 Cupcakes

ZUTATEN

230 ml Wasser
30 g ungesüßter Kakao
160 ml Mayonnaise
140 g Mehl
60 g Stärke
200 g Zucker
2 TL Natron
1/2 TL Salz

1 Ofen auf 180 °C vorheizen. Zwei Springformen (ø 24 cm) einbuttern und leicht mit Mehl bestäuben.

2 Wasser aufkochen und Kakao in einer mittelgroßen Rührschüssel darin einrühren. Auf Zimmertemperatur abkühlen lassen, dann die Mayonnaise dazugeben. Glatt rühren.

3 Alle anderen Zutaten in einer großen Rührschüssel gut vermischen. Mit einem Handmixer in die Kakaomischung einrühren und ca. 1 Minute schlagen, bis der Teig glatt ist – er ist recht flüssig.

4 Teig auf die vorbereiteten Backformen verteilen und 30 Minuten backen. Garprobe machen. In der Backform 10 Minuten abkühlen lassen, dann erst herausholen.

5 Erst wenn er ganz abgekühlt ist, mit Puderzucker bestäuben oder mit einem Frosting (siehe Seite 112) ummanteln.

Dieser Kuchen wurde von der Frau eines Vertreters von Hellmann's Mayonnaise in den 50er Jahren entwickelt. Und ob Sie's glauben oder nicht, Mayonnaise ist ja nur Eigelb und Öl und passt prima in einen Kuchen. Er ist saftig und ganz einfach zu machen und besonders toll als Cupcakes (siehe Abbildung). Wunderbar leicht mit Puderzucker bestäubt oder einem der Schoko-Frostings.

APPLE STREUSEL CAKE

Apfelstreuselkuchen

TROCKENE ZUTATEN
210 g Mehl
60 g Stärke
200 g Zucker
1/2 TL Salz
2 1/2 TL Backpulver

125 g weiche Butter

FLÜSSIGE ZUTATEN
2 Eier, leicht verschlagen
125 ml Milch
125 g saure Sahne

STREUSEL UND FÜLLUNG
180 g fein gemahlener Zwieback
80 g Walnüsse, gehackt
150 g Zucker, 1 TL Zimt
125 g Butter, zerlassen

WEITERE ZUTATEN
1 großer Apfel, geschält und in dünne Scheiben geschnitten

1 Ofen auf 190 °C vorheizen. Eine Springform (ø 26 cm) einbuttern und leicht mit Mehl bestäuben.

2 Zutaten für Streusel/Füllung gut vermischen.

3 Dann die trockenen Zutaten mischen und die Butter in Stückchen hineinschneiden. Mit den Fingerspitzen ins Mehl einarbeiten, bis die Krümel an kleine Erbsen erinnern.

4 Die flüssigen Zutaten ebenfalls mischen und dann in drei Schwüngen mit dem Handmixer in die trockenen Zutaten rühren, nach jedem Schwung 5 Sekunden weiterschlagen. Nicht übertreiben!

5 Die Hälfte des Teiges in die vorbereitete Springform füllen, mit der Hälfte der Apfelstückchen bedecken und dann die Hälfte der Füllung darauf verteilen. Alles leicht andrücken und anschließend die Schichten wiederholen, also Teig, Äpfel, Streusel. Bitte alles eben und gleichmäßig verteilen, besonders an den Rändern.

6 45 Minuten backen. Garprobe machen. Erst nach 10 Minuten den Ring der Springform entfernen.

APPLESAUCE CAKE

Apfelmuskuchen

TROCKENE ZUTATEN

185 g Mehl
70 g Stärke
1 TL Kakao
1 TL Natron
1 TL Zimt
1/4 TL gemahlene Nelken
1/2 TL Salz

FLÜSSIGE ZUTATEN

125 g weiche Butter
200 g Zucker
2 Eier, leicht verschlagen
1 TL Sirup (Grafschafter Goldsaft)

WEITERE ZUTATEN

250 ml Apfelmus
110 g Walnüsse, gehackt
75 g getrocknete Preiselbeeren oder Korinthen
75 g Rosinen
100 g weiße Schokolade und/oder 100 g Zartbitterschokolade, beides gehackt

1 Ofen auf 190 °C vorheizen. Eine Springform (ø 26 cm) mit Einsatz einbuttern und leicht mit Mehl bestäuben.

2 Alle trockenen Zutaten (und nach Belieben die Schokolade) abmessen.

3 Butter und Zucker in einer großen Rührschüssel mit dem Handmixer cremig rühren. Die Eier und den Sirup hinzufügen und schlagen, bis das Ganze so richtig *fluffy* (leicht und locker) wird. Apfelmus unterrühren. Jetzt mit einem Holzlöffel die trockenen Zutaten, die Schokolade sowie Nüsse, Preiselbeeren und Rosinen behutsam untermischen.

4 Den Teig in die vorbereitete Backform geben. 50–60 Minuten backen. Garprobe machen. Nach 10 Minuten den Ring entfernen.

5 Leicht mit Puderzucker bestäuben oder den Kuchen mit dem White Chocolate Cream Cheese Frosting (Seite 116) krönen.

JUNIOR'S OF BROOKLYN NEW YORK CHEESECAKE

Junior's New-York-Käsekuchen

Amerikanische Cheesecakes unterscheiden sich sehr von deutschen Artgenossen, schon allein darin, dass wir NIE Quark verwenden – in den USA wissen wir nicht einmal, was Quark überhaupt ist. Wir verwenden immer Frischkäse (z. B. Philadelphia) in Kombination mit anderen Zutaten wie Bananen-, Kürbis- oder Himbeerpüree oder sogar Zartbitterschokolade. Unsere Cheesecakes werden immer auf irgendeinem Tortenboden gebacken. Cheesecake ist bei jeder Einladung willkommen. Aber passen Sie bloß auf, sonst übertreffen Sie noch Ihre Gastgeber beim Nachtisch! Junior's ist eine Institution auf der Flatbush Avenue in Brooklyn. Sie verschicken ihren Cheesecake im ganzen Land – über Nacht. Aber wer braucht denn die Post, wenn man's selber machen kann?

ZUTATEN

35 g Mehl
30 g Stärke
1 TL Backpulver
1 Prise Salz
3 extragroße Eier, getrennt
70 g Zucker
1 TL Vanillezucker (kein Vanillin)
1 TL abgeriebene Zitronenschale
45 g Butter, zerlassen
25 g Zucker (2 EL)

FÜLLUNG

900 g Philadelphia-Frischkäse, Zimmertemperatur
320 g Zucker
30 g Stärke
1 TL Vanillezucker (kein Vanillin)
2 extragroße Eier
175 ml Sahne

THIN SPONGE CAKE LAYER FOR CHEESECAKE

Dünner Biskuit-Boden für den Käsekuchen

1 Ofen auf 180 °C vorheizen und eine Springform (ø 26 cm) großzügig einbuttern und leicht mit Mehl bestäuben.

2 Mehl, Stärke, Backpulver und Salz abmessen und in einer Schüssel vermischen.

3 Eigelb auf hoher Stufe mit einem Handmixer 3 Minuten verschlagen. Bei laufendem Motor den Zucker hineinrieseln lassen und 5 Minuten weiterschlagen, bis sich dicke, hellgelbe Bänder bilden. Vanillezucker und Zitronenschale untermischen.

4 Das Mehlgemisch darübersieben und mit einem Schneebesen unterrühren, bis keine weißen Mehlflecken mehr sichtbar sind. Dann die Butter hineinrühren.

5 In einer sauberen Schüssel mit einem Handmixer die Eiweiße mit einer Prise Salz steif schlagen. Dann langsam den restlichen Zucker hineinrieseln lassen, dabei immer weiterschlagen, bis sich Spitzen im Eiweiß bilden. Etwa 1/3 vom Eiweiß unter den Teig mischen, dann behutsam das restliche Eiweiß unterheben. Keine Sorge, wenn noch ein paar weiße Eiweißflecken im Teig schimmern.

6 Den Teig vorsichtig in die Back-fom löffeln. Gerade so lange backen, bis die Mitte des Kuchens, wenn man leicht draufdrückt, zurück in die Form springt, insgesamt nur etwa 10 Minuten (nicht aus den Augen lassen). In der Backform auf einem Rost abkühlen lassen, während Sie die Käsefüllung machen. Boden nicht aus der Backform nehmen.

7 Die Springform mit zwei Bahnen Alufolie kreuzweise von außen umwickeln und abdichten.

Auf der nächsten Seite geht es weiter mit der Füllung ...

THE CREAM CHEESE FILLING
Frischkäsefüllung

1 Geben Sie ungefähr ein 1/4 von dem Frischkäse, 1/3 des Zuckers und die Stärke in eine große Schüssel und verrühren Sie das Ganze auf niedriger Stufe mit einem elektrischen Mixer etwa drei Minuten lang. Dann den restlichen Frischkäse untermischen.

2 Fahren Sie den Mixer auf die höchste Stufe hoch und rühren Sie den restlichen Zucker und den Vanillezucker hinein. Dann die Eier, eins nach dem anderen. Anschließend die Sahne. Nur so lange schlagen, bis die Creme verrührt ist (so machen sie's bei Junior's). Bloß nicht »überschlagen«.

3 Die Käsecreme behutsam auf dem Boden verteilen. Stellen Sie die Springform in eine mit heißem Wasser gefüllte, ofenfeste Schale, sodass das Wasser an den Seiten ca. 2,5 cm hoch steht. Backen Sie den Cheesecake, bis die Creme kaum noch wackelt, wenn Sie sacht an der Form rütteln, das dauert etwa 60 Minuten.

4 Den Kuchen in der Form auf einem Gitter 60 Minuten abkühlen lassen. Dann mit Klarsichtfolie bedecken und in den Kühlschrank stellen, bis er ganz kalt ist, mindestens 4 Stunden oder über Nacht. Anschließend den Ring der Springform lösen und entfernen. Den Kuchen vom Springformboden heben und vorsichtig auf eine Tortenplatte setzen. Oder, viel einfacher, lassen Sie den Kuchen auf dem Springformboden und stellen Sie den auf die Tortenplatte. Für den unwahrscheinlichen Fall, dass etwas von dem Kuchen übrig bleibt, bewahren Sie ihn mit Klarsichtfolie abgedeckt im Kühlschrank auf.

Als Ergänzung zum cremigen Geschmack des Kuchens eignet sich besonders eins von den wunderbaren Frucht-Toppings.

CHERRY TOPPING
- 280 g entsteinte Kirschen, frisch, gefroren oder aus dem Glas, plus ein wenig Saft (nicht mehr als 4 EL)
- 100 g Zucker
- 1 1/2 EL Stärke
- 1 Prise Salz

CHERRY TOPPING – Kirsch-Guss
Alles in einen Topf geben und unter ständigem Rühren langsam zum Kochen bringen. 1–2 Minuten köcheln, bis die Sauce dicklich wird. 1 Minute abkühlen lassen und dann über den Kuchen gießen. Köstlich!

BLUEBERRY TOPPING
- 340 g gefrorene Blaubeeren, aufgetaut (etwas vom Saft aufbewahren)
- 1 EL Stärke
- 50 g Zucker
- ein wenig abgeriebene Schale einer unbehandelten Zitrone

BLUEBERRY TOPPING – Blaubeer-Guss
(auch wunderbar zum Banana Cheesecake)
Alles in einen Topf geben und unter ständigem Rühren langsam zum Kochen bringen. 1–2 Minuten köcheln, bis die Sauce anfängt, dick zu werden. 1 Minute abkühlen lassen und dann über den Kuchen gießen. Köstlich!

BANANA CHEESECAKE

Bananen-Käsekuchen

BODEN

90 g fein gemahlener Zwieback
75 g Haselnüsse oder Mandeln, geröstet und fein gemahlen
60 g Butter, zerlassen

Nach Belieben
2 TL Kakao und 75 g geschmolzene Zartbitterschokolade, gemischt

FÜLLUNG

450 g Philadelphia-Frischkäse
200 g Zucker
1 EL Stärke
3 große Eier, leicht verquirlt
1/4 TL Salz
485 g saure Sahne
250 g ganz fein zerdrückte Bananen, mit 2 EL Zitronensaft vermischt (damit sie nicht oxidieren)

DER BODEN

1 Ofen auf 190 °C vorheizen. Alle Zutaten (außer der geschmolzenen Schokolade) vermischen.

2 Das Gemisch auf dem Boden einer Springform (ø 26 cm) verteilen, festdrücken, 9 Minuten backen. Abkühlen lassen.

3 Sobald der Boden etwas abgekühlt ist, verstreichen Sie die geschmolzene Schokolade darauf. Damit wird verhindert, dass der Boden später durchweicht. Die Springform mit zwei Bahnen Alufolie kreuzweise von außen umwickeln und abdichten.

4 Und jetzt den Boden RICHTIG abkühlen lassen, am besten im Kühlschrank, während Sie die Käsefüllung zubereiten.

DIE FÜLLUNG

1 Ofen auf 180 °C vorheizen. Mit einem Handmixer den Frischkäse mit dem Zucker schaumig schlagen. Die Stärke, die Eier und die restlichen Zutaten hinzufügen. Geben Sie die Füllung in die Form auf den vorbereiteten Boden.

2 Die Springform in eine größere Form setzen und diese etwa 3 cm hoch mit heißem Wasser füllen. 45 Minuten backen, aus dem Ofen nehmen, die Alufolie entfernen und die Form auf Zimmertemperatur abkühlen lassen. Mit Klarsichtfolie bedecken und mindestens vier Stunden oder über Nacht auskühlen lassen.

3 Wenn er richtig kühl ist, können Sie entweder Blaubeer-Topping (siehe Seite 133) darübergießen und noch einmal eine Stunde kühlen, oder Sie nehmen ihn gleich aus der Form und servieren ihn. Dieser Kuchen hält sich tagelang.

PUMPKIN CHEESECAKE

Kürbis-Käsekuchen

BODEN

90 g fein gemahlener Zwieback
60 g Walnüsse, fein gemahlen
50 g Zucker
60 g Butter, zerlassen

FÜLLUNG

240 g Philadelphia-Frischkäse
65 g Zucker
2 EL Schlagsahne
1 EL Stärke
1 TL Vanillezucker (kein Vanillin)
1 EL Bourbon, nur wenn Sie mögen
375 ml Kürbispüree aus der Dose oder gut abgetropftes frisches Kürbispüree
3 Eier
1 1/2 TL Zimt
1/2 TL Muskat
3/4 TL gemahlener Ingwer
1/2 TL Salz
65 g Zucker

GLASUR

450 g saure Sahne
2 EL Zucker
1 EL Bourbon
10 Walnuss- oder Pecanhälften

DER BODEN

1 Alle Zutaten vermischen.

2 Masse auf dem Boden einer Springform (ø 26 cm) verteilen, gut andrücken. Die Springform mit zwei Bahnen Alufolie von außen kreuzweise umwickeln und abdichten.

3 60 Minuten im Kühlschrank fest werden lassen.

DIE FÜLLUNG

1 Ofen auf 180 °C vorheizen. Mit einem Handmixer den Frischkäse mit dem Zucker glatt rühren.

2 Die restlichen Zutaten nacheinander hinzufügen, jedes Mal einrühren, bevor die nächste Zutat folgt.

3 In die Backform auf den vorbereiteten Boden füllen.

4 Die Springform in eine größere Form setzen und diese etwa 3 cm hoch mit heißem Wasser füllen. 50 Minuten backen, aus dem Ofen holen, die Alufolie entfernen und alles 60 Minuten abkühlen lassen, bevor Sie den Kuchen glasieren.

DIE GLASUR

1 Ofen auf 230 °C vorheizen. Sahne, Zucker und Bourbon vermischen, auf dem Kuchen verteilen und den Kuchen nochmals 7 Minuten im Ofen backen.

2 Bei Zimmertemperatur abkühlen lassen, bevor Sie ihn in den Kühlschrank stellen. Mit den Walnusshälften garnieren.

CHOCOLATE ESPRESSO CHEESECAKE Schoko-Espresso-Käsekuchen

Das ist der Cheesecake für den wahren Schokoladenliebhaber, schwer und intensiv, ohne übermäßig süß zu sein.

BODEN
90 g fein gemahlener Zwieback
75 g Haselnüsse oder Mandeln, geröstet und fein gemahlen
60 g Butter, zerlassen
2 TL Kakao
75 g Zartbitterschokolade, geschmolzen

FÜLLUNG
200 ml Sahne
3 EL fein gemahlener Espresso (kein Instant)
3 EL Kakao
1/4 TL Salz
470 g Zartbitterschokolade, in Stücke gebrochen
165 ml Sahne
80 ml Amaretto
870 g Philadelphia-Frischkäse
200 g Zucker
4 Eier
Schwarzes Johannisbeergelee zum Bepinseln

DER BODEN

1 Ofen auf 190 °C vorheizen. Alle Zutaten, außer der Schokolade, vermischen.

2 Die Masse auf dem Boden einer Springform (ø 26 cm) verteilen, gut anpressen, 9 Minuten backen. Abkühlen lassen.

3 Sobald der Boden etwas abgekühlt ist, die geschmolzene Zartbitterschokolade darauf verteilen. Das verhindert, dass der Boden später durchweicht.

4 Die Springform mit zwei Bahnen Alufolie von außen kreuzweise umwickeln und abdichten. Jetzt den Boden richtig abkühlen lassen, am besten im Kühlschrank, während Sie die Füllung vorbereiten.

DIE FÜLLUNG

1 Ofen auf 180 °C vorheizen. In einem großen Topf 200 g Sahne, Espresso, Kakao und Salz zum Kochen bringen. Die Schokolade unter ständigem Rühren dazugeben, bis sie schmilzt. Vorsicht, brennt leicht an! Beiseitestellen und etwas abkühlen lassen. Dann die restliche Sahne und den Amaretto unterrühren.

2 In einer großen Rührschüssel mit dem Handmixer Frischkäse, Zucker und Eier verrühren, bis die Mischung richtig schön cremig und glatt ist. Langsam das Schokoladengemisch dazurühren, immer in kleinen Portionen, jedes Mal darauf achten, dass es gut hineingerührt wird.

3 Die Masse über den vorbereiteten Boden gießen.

4 Die Springform in eine größere Form setzen und diese etwa 3 cm hoch mit heißem Wasser füllen. 60 Minuten backen, aus dem Ofen nehmen, die Alufolie entfernen. Auf Zimmertemperatur abkühlen lassen. Mit Klarsichtfolie abdecken und für mindestens 4 Stunden oder über Nacht in den Kühlschrank stellen.

5 Vor dem Servieren mit Schwarzem Johannisbeergelee bepinseln, das verleiht dem Kuchen einen schönen Glanz!

RASPBERRY SWIRL CHEESECAKE Himbeer-Käsekuchen

BODEN
90 g fein gemahlener Zwieback
75 g Haselnüsse oder Mandeln, geröstet und fein gemahlen
60 g Butter, zerlassen
75 g Zartbitterschokolade

FÜLLUNG
450 g Philadelphia-Frischkäse
200 g Zucker
1 EL Stärke
3 große Eier, leicht verschlagen
1/4 TL Salz
725 g saure Sahne
140 ml Himbeerpüree
Dafür 340 g frische oder gefrorene Himbeeren mit 60 g Zucker aufkochen. Durch ein Sieb streichen, um die Kerne loszuwerden. Abkühlen lassen.

DER BODEN

1 Ofen auf 190 °C vorheizen. Alle Zutaten, bis auf die Schokolade, vermischen.

2 Die Masse auf dem Boden einer Springform (ø 26 cm) verteilen, gut andrücken, 9 Minuten backen. Abkühlen lassen.

3 Sobald der Boden etwas abgekühlt ist, die geschmolzene Zartbitterschokolade darauf verteilen. Dadurch wird verhindert, dass der Boden später durchweicht. Die Springform mit zwei Bahnen Alufolie kreuzweise von außen umwickeln und abdichten.

4 Jetzt den Boden richtig abkühlen lassen, am besten im Kühlschrank, während Sie die Füllung vorbereiten.

DIE FÜLLUNG

1 Ofen auf 180 °C vorheizen. Mit einem Handmixer den Frischkäse mit dem Zucker glatt rühren. Stärke, Eier, Salz und saure Sahne nacheinander dazumischen.

2 Ein Drittel dieser Masse in die vorbereitete Form füllen. Die Hälfte des Himbeerpürees darüberträufeln, ein weiteres Drittel der Käsemasse darübergießen, dann den Rest des Himbeerpürees und schließlich den Rest der Füllung. Mit einem kleinen Messer durch die Masse schneiden, um einen Marmoreffekt zu erzielen.

3 Die Springform in eine größere Form setzen, diese etwa 3 cm hoch mit heißem Wasser füllen.

4 45 Minuten backen, dann aus dem Ofen nehmen.

5 Die Alufolie entfernen und den Kuchen auf Zimmertemperatur abkühlen lassen. Mit Klarsichtfolie bedecken und mindestens 4 Stunden oder über Nacht in den Kühlschrank stellen.

PINEAPPLE UPSIDE DOWN CAKE

Gestürzter Ananaskuchen

ZUTATEN

5–6 Ananasscheiben aus der Dose, abgetropft
5–6 entsteinte Kirschen, aus dem Glas oder frisch
60 g Butter
100 g Zucker
1 EL Sirup (Grafschafter Goldsaft)
30 g halbe Pekannüsse

1 Ei
120 ml Milch
120 g Butter, zerlassen und abgekühlt

140 g Mehl
30 g Stärke
100 g Zucker
2 TL Backpulver
1/2 TL Salz

1 Den Ofen auf 200 °C vorheizen. Eine Springform (ø 24 cm) ausbuttern. Die Springform mit zwei Bahnen Alufolie von außen kreuzweise umwickeln und abdichten.

2 Butter in einer schweren Pfanne zerlassen, Zucker und Sirup hinzufügen und erwärmen, bis der Zucker sich aufgelöst hat.

3 Diese Mischung in die Springform gießen. Dann den Boden der Springform mit den Ananasscheiben auslegen. In die Mitte jeder Ananasscheibe kommt eine Kirsche. Die Zwischenräume mit den Pekannüssen ausfüllen.

4 Die flüssigen Zutaten miteinander verrühren und sie unter die trockenen Zutaten mischen.

5 Den Teig in der Springform über die Ananas verteilen und den Kuchen 35 Minuten backen, bis er durch ist.

6 Die Alufolie entfernen. Den Kuchen 15 Minuten abkühlen lassen, bevor Sie ihn stürzen, mit der fruchtigen Seite nach oben. Ruhig mit Schlagsahne servieren.

CYNTHIAS TIPP

Ein 60er-Jahre-Südstaaten-Special. Sie können auch Äpfel, Birnen, Pflaumen oder Pfirsiche statt der Ananas nehmen!

Barcomi's

APPLE PIE

Der klassische Pie

Teig für zwei Backformen (ø 26 cm)
oder einen Pie mit Gitter aus Teigstreifen

TEIG

420 g Mehl
1 TL Salz
2 EL Zucker
240 g kalte Butter, in Stückchen geschnitten
90 g Palmfett
160 ml kaltes Wasser

FÜLLUNG

4–5 Granny-Smith-Äpfel, geschält und in Scheiben geschnitten
35 g Mehl
70–100 g Zucker, je nach Säuregehalt der Äpfel
1 Prise gemahlener Zimt

TEIG

1 Wenn Sie eine wirklich mürbe, splittrige Kruste möchten, schneiden Sie die Butter und das Fett in kleine Stückchen und stellen beides in den Gefrierer, während Sie den Rest der Zutaten vorbereiten.

2 Mehl, Salz und Zucker abmessen und vermischen.

3 Mit einem elektrischen Mixer die Butter und das Fett untermischen, bis das Ganze krümelig aussieht.

4 140 ml Wasser (es muss richtig kalt sein) dazugeben und nur so viel vermischen, dass der Teig gerade zusammenkommt. Den Rest des Wassers dazugeben, wenn es nötig ist.

5 Den Teig auf eine bemehlte Arbeitsfläche legen und schnell – damit die Butter nicht schmilzt – zu einer Scheibe pressen. Dann den Teig in einem Plastikbeutel für mindestens 2 Stunden in den Kühlschrank legen. Eingefroren hält er sich mehrere Monate.

Auf der nächsten Seite geht es weiter mit der Füllung ...

FÜLLUNG

1 Ofen auf 225 °C vorheizen. Verwenden Sie eine französische Tarteform oder eine Backform mit niedrigem Rand (ø 26 cm), keine Springform. Teilen Sie den kalten Teig in 2 Stücke. Rollen Sie eines auf einer leicht bemehlten Arbeitsfläche aus, bis der Teig 2–3 mm dick ist.

2 Legen Sie den ausgerollten Teig in die Backform und drücken Sie ihn an den Seiten an. Füllen Sie den Pie mit den Äpfeln (ruhig reichlich, beim Backen gehen die Äpfel etwas ein), die zuvor gründlich mit den restlichen Zutaten vermischt wurden.

3 Das andere Teigstück ebenfalls auf 2–3 mm ausrollen. Jetzt gibt es zwei Möglichkeiten:

4 Entweder legen Sie dieses Teigstück über die Äpfel (was überhängt, schneiden Sie ab), drücken mit den Fingerspitzen die Teigränder aneinander und schlitzen den Teigdeckel mehrmals dekorativ ein (damit der Dampf beim Backen entweichen kann). Oder Sie schneiden den Teig in 2 cm breite Streifen, so lang wie der Pie, und weben damit eine Gitterkruste über dem Pie.

5 15 Minuten bei 210 °C backen, dann die Hitze auf 190 °C reduzieren, den Pie mit Alufolie leicht abdecken und 50 Minuten weiterbacken. Er ist fertig, wenn er goldbraun ist.

VARIATIONEN FÜR DIE FÜLLUNG

Äpfel und Brombeeren, Birnen und Brombeeren oder Blaubeeren, Pfirsich und Himbeeren usw. Die Früchte müssen geschält sein, dann kommt erst das Mehl dazu, gefolgt vom Zucker. Auch Zimt ist immer eine Option. Wenn Sie Beeren verwenden, nehmen Sie 4 EL Mehl und bis zu 175 g Zucker, je nach Süße der Früchte.

CHOCOLATE WALNUT PIE

Schoko-Walnuss-Pie

Teig für eine Backform (ø 26 cm)

TEIG
Siehe Rezept auf Seite 145

ZUTATEN
1 gekühlter Pie-Teig
100 g Zartbitterschokolade, grob gehackt
220 g Walnüsse
4 Eier
175 ml Sirup (Grafschafter Goldsaft)
200 g Zucker
1/2 TL Salz

1 Ofen auf 210 °C vorheizen.

2 Die Hälfte des gekühlten Teiges (siehe Seite 145) ausrollen, in die Pie-Form legen, überhängende Ränder abschneiden, dann kräuseln. Der Rand sollte solide sein. Den Boden mehrmals mit einer Gabel anpiksen, Backpapier über den Teig legen und mit getrockneten (ungekochten) Hülsenfrüchten beschweren. 8 Minuten vorbacken.

3 Aus dem Ofen nehmen, Papier und Hülsenfrüchte entfernen und den Boden abermals anpiksen. Den noch heißen Boden mit der gehackten Schokolade bestreuen, damit sie anschmelzen kann. Walnüsse auf der Schokolade verteilen.

4 Die Hitze auf 190 °C reduzieren. Mit einem Handmixer die Füllung anrühren. Erst die Eier verschlagen, dann den Sirup hinzufügen und gut durchmischen. Zucker und Salz dazugeben und weiterschlagen. Sorgfältig über die Nüsse gießen, damit ja nichts überläuft.

5 40 Minuten backen. Der Pie sollte noch ein wenig wackeln, wenn er aus dem Ofen kommt. Abkühlen lassen. Dann erst servieren.

PUMPKIN PIE

Kürbis-Pie, eine amerikanische Institution

Teig für eine Backform (ø 26 cm)

TEIG
Siehe Rezept auf Seite 145

ZUTATEN
1 Pie-Teig
1 Kürbis für 415 ml frisches Kürbispüree
2 Eigelbe
150 g Zucker
1/2 TL Salz
1 1/2 TL Zimt
1 1/2 TL gemahlener Ingwer
1 Prise Muskat
1 Prise gemahlene Nelken
1 EL Rum (nur wenn Sie mögen)
80 ml Sahne
2 Eiweiß, steif geschlagen
1 EL Zucker

1 Ofen auf 200 °C vorheizen. Teig ausrollen, damit er in eine 26-cm-Pie-Form passt. Überhängende Ränder abschneiden und Rand kräuseln – er sollte ca. 1 cm breit sein. In den Kühlschrank stellen.

2 Für das Kürbispüree einen Kürbis schälen, in kleine Stücke schneiden und in etwas Wasser kochen, bis er weich ist. Kürbis in einem feinmaschigen Sieb wirklich gut abtropfen lassen.

3 Das Kurbispüree in eine große Rührschüssel geben und mit einem Holzlöffel die Eigelbe untermischen, dann die übrigen Zutaten (außer dem Eiweiß) unterrühren.

4 Eiweiß steif, aber nicht trocken schlagen und dann den Zucker hinzufügen.

5 1/3 vom Eiweiß zum Kürbispüree geben, um es aufzulockern. Vorsichtig das restliche Eiweiß unterheben, dabei aufpassen, dass es nicht zusammenfällt. Das Kürbisgemisch auf den vorbereiteten Boden in der Form streichen und gleichmäßig bis zum Rand verteilen.

6 15 Minuten bei 200 °C backen, dann die Hitze auf 190 °C runterdrehen, weitere 15 Minuten backen. Zum Schluss noch einmal auf 180 °C reduzieren und die letzten 15 Minuten backen. Vor dem Servieren abkühlen lassen.

QUICHE

Quiche – ein herzhafter Pie

Eine Quiche ist ein herzhafter Pie, dessen Variationsmöglichkeiten ungezählt sind. Lässt sich prima zum Picknick mitnehmen.

TEIG
Siehe Rezept auf Seite 145, aber nehmen Sie 3/4 EL Salz und 1/4 EL Zucker.

EIERGUSS
3 Eier
300–320 ml Milch oder Sahne
Salz
Pfeffer
Muskat

FÜLLUNG
300 g Spinat
30 g Butter
1 Schalotte

ODER
6 Streifen Frühstücksspeck (Bacon)
150 g Emmentaler (oder Gruyère)

ODER
1 große Zucchini
30 g getrocknete Tomaten
Kräuter

und jeweils eine Handvoll geriebener Käse (Emmentaler oder Gruyère)

1 Eierguss aus drei Eiern und ausreichend Milch oder Sahne vorbereiten, sodass Sie auf 350 ml kommen. Mit etwas Salz, Pfeffer und Muskat würzen.

2 Die Hälfte des gekühlten Teiges ausrollen, in die Pieform (ø 26 cm) legen, überhängende Ränder abschneiden, dann kräuseln. Der Rand sollte solide sein. Nicht vorbacken!

3 Ofen auf 190 °C vorheizen.

4 Nehmen Sie Ihre Quiche, streuen Sie ein wenig Käse über den Boden der Quiche und verteilen Sie die Füllung darauf (nochmals abschmecken, um sicherzugehen, dass die Würzung stimmt).

5 Drei Vorschläge für leckere Füllungen:

- Gedünsteter Spinat, mit Butter und Schalotten sautiert.

- Gewürfelter Bacon (Frühstücksspeck) und geriebener Emmentaler oder Gruyère.

- Gebratene Zucchinischeiben, getrocknete Tomaten und Kräuter mit Käse.

6 Übergießen Sie das Ganze mit dem Eierguss und sprenkeln Sie den restlichen Käse darüber.

7 Etwa 35 Minuten backen, bis die Quiche sich aufgebläht hat und lecker goldbraun aussieht.

FROM B TO Z – THE BAKING ALPHABET

Von B–Z, das Alphabet des Backens

Hier eine alphabetische Liste der wichtigsten Zutaten, die Sie immer vorrätig haben sollten – für den Fall, dass Sie plötzlich Lust verspüren zu backen: Seien Sie also spontan und backen Sie einfach drauflos – es macht Spaß und Freu(n)de.

BACKPULVER ist ein Triebmittel, das zweimal reagiert: einmal mit den Flüssigkeiten und dann noch einmal beim Backen. Die schnellen Brote ohne Hefe, Muffins, Scones und auch einige der Kuchen und Plätzchen brauchen Backpulver, um aufzugehen. Bewahren Sie Ihr Backpulver an einem trockenen Ort auf und überprüfen Sie vor Verwendung immer das Verfallsdatum.

BUTTER. Ich empfehle: immer richtige Butter und immer ungesalzen. Achten Sie bitte auf die in den Rezepten angegebene Temperatur für die Butter. Wenn sie weich sein soll, dann wirklich weich (sodass sie sich leicht cremig rühren lässt), wenn kalt, dann richtig kalt (damit zum Beispiel die Pie-Kruste richtig *flaky,* also splittrig wird). Seien Sie präzise, das gilt auch für zerlassene, abgekühlte Butter oder heiße, zerlassene Butter.

BUTTERMILCH bereichert viele Kuchen, Muffins und Scones und hat eine typische weiche, butterige Geschmacksnote. Als Ersatz für 250 ml Buttermilch können Sie 160 g Joghurt mit 90 ml Vollmilch vermischt verwenden.

CUPCAKES sind kleine Küchlein, in einer Muffinform gebacken. Wenn Sie möchten, können Sie dafür zusätzlich Papierförmchen verwenden. Cupcakes werden nach dem Backen glasiert (und nicht wie Muffins warm mit Butter serviert). Ideal für Kindergeburtstage. Ich habe sie auch schon als Hochzeitskuchen auf einer Etagere arrangiert. Beim Dekorieren können Sie sich wirklich austoben. Ich verwende farbenfrohe Süßigkeiten in allen Erscheinungsformen. Lakritzschnüre sind als Deko äußerst beliebt.

EIER. Verwenden Sie möglichst große Eier, die Sie immer im Kühlschrank aufbewahren. Wenn Sie Eier mit Zimmertemperatur brauchen, 20 Minuten vorher aus dem Kühlschrank nehmen. Schlagen Sie Eier zunächst in eine separate Schüssel auf. Sollten sie einmal nicht frisch sein, dann ruinieren Sie nicht das ganze Rezept auf einen Schlag. Und wenn Ihnen etwas Eierschale hineinfällt, kann man sie leichter wieder herausfischen. Dickflüssiges Eiweiß ist ein Zeichen von Frische.

FROSTING UND GANACHE. Das sind die süßen Schichten, mit denen die Kuchen (und auch die Cupcakes – aber nur obendrauf) »ummantelt« werden. Wir nennen sie Frostings, sie sind traumhaft cremig und einfach ein Luxus. Einige werden aus erhitztem, geschlagenem Eiweiß und Zucker hergestellt, andere mit Frischkäse und Puderzucker und manche auch aus Ganache. Ganache kommt aus dem Französischen und bezeichnet eine Mischung

aus Schokolade und Sahne (auch saure Sahne). Wenn die Ganachecreme noch etwas warm ist, können Sie sie als Glasur verwenden. Je mehr sie abkühlt, desto dicker wird sie und lässt sich dann besser auf den Kuchen streichen. Bevor Sie ein Frosting auftragen, vergewissern Sie sich, dass Temperatur und Konsistenz stimmen. Wenn es zu warm ist, läuft es Ihnen weg und bleibt nicht auf dem Kuchen haften. Wenn es zu kalt und hart ist, lässt es sich nicht gut auftragen. Also auf Zimmertemperatur bringen. In den Staaten bestehen Kuchen immer mindestens aus zwei Lagen, die wir mit Frosting oder Ganache füllen. Aber denken Sie dran, so ein Kuchen hat es in sich! Manchmal ist weniger mehr.

GETROCKNETE FRÜCHTE. Wenn Sie getrocknete Früchte wie beispielsweise Datteln verwenden, bestäuben Sie sie vorher mit etwas Mehl, dann kleben sie, vor allem beim Schneiden, nicht aneinander.

GEWÜRZE verwende ich immer gemahlen; an einem trockenen, dunklen Ort aufbewahren.

HEFE ist ein natürliches Triebmittel. Es gibt sie entweder frisch oder getrocknet. Ich nehme am liebsten frische Hefe, die ich mit warmem (niemals heißem) Wasser und etwas Zucker mische. 5 Minuten gehen lassen, dann sollten sich Bläschen gebildet haben – ein Zeichen dafür, dass die Hefe aktiv ist und lebt. Zucker fördert die Aktivität der Hefe, Salz hemmt sie, daher nie Salz direkt zu frischer Hefe geben. Trockenhefe kann direkt in die Mehlmischung gegeben werden. Achten Sie in jedem Fall auf das Verfallsdatum! Beide Hefetypen können problemlos im Kühl- oder Gefrierschrank aufbewahrt werden. Einen Hefeteig dürfen und sollten Sie nicht hetzen – er braucht seine Zeit und er braucht Wärme, um Geschmack und Aroma zu entwickeln. Ein Päckchen Trockenhefe enthält 7 Gramm und entspricht 21 Gramm frischer Hefe, beides ist die richtige Menge für 500 Gramm Mehl.

KAKAO. Bitte immer ungesüßten Kakao verwenden; Kuchen und Cookies brauchen keinen zusätzlichen Zucker.

MEHL. Ich verwende mehrere Sorten Mehl: 405er für Cookies, Pies und Scones; 550er für Bagels; und Stärke mit 405er für Kuchen, um ihm mehr Leichtigkeit zu verleihen. Wenn Ihnen Ihr Mehl ein wenig klumpig vorkommt, sieben Sie es! Das Gleiche gilt für die anderen trockenen Zutaten: Zucker, Salz, Backpulver und Natron. Alles, was nach Klümpchen aussieht, gehört gesiebt, insbesondere Puderzucker.

MILCH. Zu Hause gibt es bei uns immer Bio-Vollmilch. Natürlich können Sie mit Magermilch experimentieren, aber empfehlen kann ich es nicht. Bio deshalb, weil ich die Extraportion Antibiotika in konventioneller Milch einfach nicht gebrauchen kann. Auch wenn Sie sonst nicht im Bioladen kaufen, bei Milch sollten Sie drauf achten.

NATRON. In amerikanischen Backstuben verwenden wir Natron als Triebmittel. Es reagiert mit Säure, wie sie in Butter, Joghurt, saurer Sahne und/oder Zuckerrübensirup (Grafschafter Goldsaft) vorkommt. Dabei handelt es sich um ein einfaches Triebmittel, das nur mit Flüssigkeiten statt mit Flüssigkeiten und Hitze reagiert. Für Sie bedeutet das, dass der Teig vor dem Backen nicht herumstehen sollte. Er könnte seine Power verlieren. Natron bekommen Sie in der Apotheke oder Drogerie.

NÜSSE sorgen in Gebackenem für ein wunderbares Aroma und eine tolle Konsistenz. Damit sie frisch bleiben, sollten Sie sie in einem luftdichten Gefäß im Gefrierer aufbewahren. So werden die leckeren Öle nicht ranzig. Vor Gebrauch müssen sie nicht aufgetaut werden.

PFLANZENÖL. Verwenden Sie neutral schmeckendes Öl zum Backen (zum Beispiel Sonnenblumen- oder Rapsöl) und immer ein gutes Olivenöl für die Pizza.

POLENTA, MAISMEHL (Cornmeal). Es gibt zwei Arten von Maismehl: feines und grobes. Ich liebe beide Sorten. Probieren Sie sie aus und finden Sie heraus, was Ihnen selbst am besten schmeckt.

SCHOKOLADE. Für die Rezepte in diesem Buch brauchen Sie drei verschiedene Sorten: weiße Schokolade, Vollmilchschokolade und Zartbitterschokolade. Ich kaufe 100-Gramm-Tafeln und zerhacke sie grob. Ich beiße gern auf ganze Brocken von Schokolade in meinem Gebäck, ich mag die Textur. Weiße Schokolade und Vollmilchschokolade findet man überall, aber mit der dunklen Schokolade ist es schon schwieriger. In Brownies, Buttercreme und Cheesecake verwende ich am liebsten richtige Zartbitterschokolade, die nicht zu süß ist. Die beste Zartbitterschokolade (ca. 50 % Kakaoanteil) für diese Rezepte ist nicht notwendigerweise die teuerste. Probieren Sie verschiedene Produkte aus. Verwechseln Sie nicht Zart- mit Edelbitter. Edelbitter enthält viel mehr Kakaobutter und verhält sich beim Backen anders als Zartbitter. Am einfachsten lässt sich Schokolade in einem Wasserbad schmelzen. Geben Sie dazu die in Stücke gebrochene Schokolade in eine Metallschüssel über köchelndem (nicht kochendem!) Wasser. Immer schön rühren, damit die Schokolade nicht anbrennen kann. Achten Sie auch darauf, dass kein Wasser in die Schokolade hineinspritzt, sonst »erschreckt sich« die Schokolade, wird steif und schmilzt nicht richtig. Ich schmelze Schokolade auch in der Mikrowelle, aber aufgepasst: Weiße Schokolade brennt wegen ihres hohen Zuckergehalts leicht an, Vollmilchschokolade auch. Wenn Sie es trotz allem riskieren wollen, dann bröckeln Sie die Schokolade in eine mikrowellengeeignete Schüssel und erhitzen Sie sie 30 Sekunden lang. Nachschauen, noch mal 30 Sekunden, dann wieder nachschauen und rühren. Immer in 30-Sekunden-Intervallen kontrollieren.

TEMPERATUR. Beim Backen ist Temperatur nicht gleich Temperatur. Viele benutzen einen Umluftofen, der natürlich Vor- und Nachteile hat. Wenn ich Pizza und Brot mache, schalte ich auf Umluft um, weil ich dieses extra Quäntchen an zirkulierender Hitze will. Aber beim Backen von Feinerem wie Brownies, Kuchen oder Cookies setze ich Umluft lieber nicht ein, einfach weil die Hitze für dieses Gebäck zu intensiv ist und ich nicht möchte, dass es zu schnell zu dunkel wird.

VANILLEZUCKER. Neben braunem Zucker ist Vanillezucker die wirklich wichtige Backzutat in der amerikanischen Backkunst. In den Staaten verwende ich reines Vanilleextrakt, was hier aber nur schwer zu finden und sehr teuer ist. Machen Sie es wie ich und bewahren Sie eine Vanilleschote in Ihrem Zucker auf, die Sie alle 6 Monate einmal austauschen. Oder greifen Sie auf Vanillezucker zurück, den Sie in gut sortierten Supermärkten oder Bioläden finden. Aber kaufen Sie bitte niemals billigen Vanillinzucker – Vanillin hat überhaupt nichts mit Vanille zu tun, sondern ist chemisch hergestelltes Vanillearoma und hinterlässt einen schlechten Nachgeschmack.

ZESTEN. In der Schale von Zitrusfrüchten steckt jede Menge Geschmack, und der kann immer wunderbar zu den flüssigen Zutaten hinzugefügt werden. Mit einer Reibe nur den farbigen Teil der Schale abreiben; das weiße Zeug darunter schmeckt unangenehm bitter. Die Feinreibe auf einer Vierkantreibe eignet sich ganz wunderbar für diesen Zweck. Bitte verwenden Sie zum Reiben nur unbehandelte Zitrusfrüchte.

ZUCKER. In den weißen, raffinierten Zucker stecke ich immer eine Vanilleschote, das verleiht ihm ein wunderbares, subtiles Aroma, so wichtig für die amerikanische Backkunst. Wenn Sie diesen »Vanille-Zucker« zum Backen verwenden, müssen Sie nicht noch einmal extra Vanillezucker zum Backen benutzen. Für bestimmte Frostings (siehe Seite 149) benötigen Sie Puderzucker. Bei Puderzucker immer auf Klümpchen achten. Besser Sie sieben den Puderzucker, das macht zwar nicht wirklich Spaß, ist aber immer noch besser als der vergebliche Versuch, die Klümpchen in Ihrem Frosting oder Ihrer Glasur zu beseitigen. In den Staaten haben wir hellbraunen Zucker, dunkelbraunen Zucker, Ahornzucker, Rohzucker und so weiter und so fort. Aber welchen Zucker sollten wir hier in Deutschland als Ersatz für den gewöhnlichen braunen Zucker verwenden, der in den USA Standard ist? Beim Raffinieren wird die dunkle Melasse vom Zucker getrennt, und übrig bleibt der weiße, raffinierte Zucker. Und brauner Zucker ist schlicht und ergreifend der Zucker, dem die Melasse wieder zugefügt wird. Unverzichtbar als Ersatz für amerikanischen braunen Zucker ist Zuckerrübensirup (Grafschafter Goldsaft). Eine wirkliche Offenbarung und ein Geheimtipp, den ich hiermit an Sie weitergebe.

ZWIEBACK ist eine ganz wichtige Zutat für den Boden der Cheesecakes und für den Streuselkuchen. Auf jeden Fall muss der Zwieback ganz fein gemahlen werden. Am besten geht das in einer Küchenmaschine mit einem scharfen Messereinsatz. Wenn Sie keine haben, empfehle ich Ihnen Folgendes: Stecken Sie den Zwieback in eine Plastiktüte und hauen oder rollen Sie mit einem Nudelholz darauf; oder zerkleinern Sie ihn in einem großen Mörser mit dem Stößel. Wichtig ist nur, dass der Zwieback wirklich ganz fein gemahlen ist.

REGISTER

AMERIKANISCHE REZEPTNAMEN

DEUTSCHE REZEPTNAMEN

DANKE

Ich möchte mich bei allen meinen weiblichen Vorfahren und Verwandten bedanken: Bei Cora, Mimi, Louise, Esmé, Coco und Savoy, die bald zur Welt kommen wird. Ihrer Liebe und Geduld habe ich es zu verdanken, dass ich zu der Bäckerin und Köchin wurde, die ich heute bin. Ich danke auch meinem Mann Harvey und meinem Sohn Jaeger, deren Liebe mich immer wieder zu neuen Ideen inspiriert. Mein ganz besonderer Dank gilt Ulf Meyer zu Küingdorf, ohne den es dieses Backbuch nicht geben würde. Ihm gebührt meine allergrößte Hochachtung für seine Unterstützung und seine ausgezeichnete Urteilsfähigkeit als Vorkoster. Höchste Anerkennung und Dank auch an Paul Schirnhofer, Maja Smend und Christiane Wenzel, ohne deren technisches Know-how und künstlerisches Talent dieses Buch nicht hätte entstehen können. Ich bedanke mich bei Margit Schönberger, die für uns kräftig die Werbetrommel rührte, und nicht zuletzt geht mein Dank an Moni König, die an dieses Projekt glaubte und unser erstes Buch möglich machte; es soll nicht das letzte gewesen sein.